简洁是终极的智慧

Simplicity is the ultimate sophistication

——达·芬奇

管理的（第2版）12个问题

焦叔斌◎著

中国人民大学出版社
·北 京·

前言

本书的初版自问世至今已近5年。本次修订在内容上进行了较大程度的更新，以反映管理的实践和理论方面的新进展，同时在结构上作了比较大的调整，使之更方便广大读者的阅读和理解。

这本小书反映了过去20多年中我在中国人民大学商学院从事管理学教学中形成的一些基本认识。我的学员中包括了本科生、MBA、EMBA、在职管理人员等多种类型。我接触了成千上万的来自各行各业、各个层次、各种类型的管理者，深深地体会到他们对于管理知识的渴求，也从他们中获取了大量的立足于管理实践的真知灼见。我也知道，大部头、学究气的管理著作很难对上总是处于繁忙状态的实际工作者的胃口。由是，而有了编写一本既简明易懂又能够指导实践的管理读本的念头。

改革开放以来的30多年中，宏观经济体制改革释放出来的巨大生产力，再加上廉价的人口和资源优势，构成了中国经济发展的最重要的推动力。整体经济上升的大势掩盖了许多组织在管理上存在的问题，令它们有一种成功的幻觉。很多情况下，人们对管理的重视大多是口惠而实不至。早在1911年，科学管理之父泰罗在《科学管理原理》一书的前言中就指出，因管理而造成的损失要比物质资源的浪费大得多，但前者受到的关注却远不如后者。直到今天，泰罗在100多年前的这一论断仍然可以用来描述我国的管理现状。我国的企业总体上仍是一种相当粗放式的管理，而我们的行政、教育及医疗等领域的管理则几乎还是一片荒蛮的处女地。可以说，过去的30多年基本上是一个“野蛮生长”的时代。

近年来日益严峻的环境恶化、资源短缺、贸易摩擦等问题预示着这种“野蛮生长”方式的终结。游戏规则正在改变，组织的转型升级势在必然，人们对管理的重视渐见端倪。正如股神巴菲特所言：“只有在退潮时才能发现谁在裸泳”。未来无疑将属于那些管理精良、根底扎实的组织。我们有理由相信，我们即将迎来一个管理唱主角的时代。

本书在管理的四大职能的基础上，进一步提炼出了组织在管理过程中必须落实的 12 个基本问题。中国功夫威震天下，但其普及程度却远远比不上跆拳道，其原因就在于，跆拳道有一套标准化的套路，从而更有利于人们掌握，更有利于普及和推广。笔者希望通过本书讨论的这 12 个问题，让管理成为人们能够抓得住的东西。这 12 个问题既是一个思考管理问题的逻辑框架，又是一张帮助管理者诊断问题和解决问题的核对表（checklist）。明确了这 12 个问题未必一定能够保证组织的成功，但几乎可以肯定的是，不能够回答这 12 个问题的组织或管理者，其管理是存在缺失的。

感谢中国人民大学出版社的费小琳女士，她的创意、热情和坚持促成了这本小书的诞生。感谢唐奇帮助整理了本书中的相关案例。感谢曾经参与我的课堂的众多人士与我分享他们的智慧、灵感和经验。

衷心希望这本小书能够成为帮助广大读者开启管理智慧之门的一把钥匙。

焦叔斌

目　录

绪论：做一个管理者

3 我们的处事原则是什么？——核心价值观

4 我如何到那里去？——战略管理

5 我当如何工作？——职位设计

6 我们当如何工作？——结构与过程

7 我当如何领导人们？——领导力

8 我如何让人们都知道要到哪里去？——沟通

9 我如何让人们全力以赴？——激励

10 我们应当测量什么？——制定控制标准

11 如何测量？——测量方法

12 造成偏差的原因是什么？——根原因分析

附. 管理 100 年的启示

绪论：做一个管理者

做一个管理者无疑是一件令人神往的事情。许多年轻人希望自己将来能成为一个管理者，许多在位的管理者都是人们眼里的成功人士。

管理可以说是人类最重要的活动之一。任何由两人以上组成的、有一定目的的集体活动都离不开管理，大到国家、军队，小到企业、医院、学校等，概莫能外。随着社会共同劳动的规模日益扩大，劳动分工协作更加精细，社会化大生产日趋复杂，管理的重要性也在日益提高。

管理的重要性可以说是众所周知。一个单位管理得好，股东可以分红，员工可以实现自我，社会可以得利，造福的是方方面面。相反，一个单位管理得不好，影响的也是方方面面。糟糕的管理会令股东亏损甚至破产，会让员工的工作生涯充满痛苦甚至失业，还会给顾客、供应商乃至社会带来各种各样的问题和损害。

管理者绝不只是意味着荣耀。笔者在写下这段文字的时候，电脑屏幕上开着某网站财经频道的窗口。一抬头，赫然就看到了好几个人的名字。如柳传志、马云、王石等，他们出现在一个叫做“企业家的社会责任”的栏目里，这几位无疑是成功者的代表。但是，跟他们的名字在一起的还有不久前刚刚被执行死刑的湖南企业家曾成杰。再后面的一条新闻是关于国务院国资委主任、原中石油董事长蒋洁敏涉嫌严重违纪被免职并接受调查，同一条新闻里还提到，此前几天宣布接受调查的还有中石油高管王永春、李华林、冉新权和王道富。显然，管理者所面对的未必尽是通衢大道、鲜花美酒，很多时候倒是如同西天取经路上的唐三藏，虽然风光无限，但路途上充满了各种各样的障碍、陷阱以及形形色色的妖魔鬼怪，稍有不慎，就有可能会遭受重创，甚至折戟沉沙。所以，很多时候，做管理工作更多地意味着责任和挑战。

那么，什么是管理？管理者要做些什么？管理者需要什么样的能力？管理者要扮演什么样的角色？许多人为了将来能做管理而花很多学费去读一个 MBA 的学位，那么什么又是 MBA？为什么有些管理者会失败甚至身败名裂？下面我们就对这些问题作一些简单的讨论。

一、什么是管理？

大管理学家彼得·德鲁克（Peter F. Drucker）在《管理的实践》一书中曾有过一个十分形象的比喻："我们可将管理者类比为交响乐团的指挥。在指挥的努力之下，通过其对音乐的理解和对乐队的领导，使得各种独立的乐器协调一致，演绎出完整而生动的音乐。但是，指挥手里有作曲家的乐谱，指挥本人只不过是个诠释者，而管理者却要扮演作曲和指挥的双重角色。"

现实中，人们对于管理有各种各样的认识。不同的书籍有不同的定义，不同的学者有不同的说法。为了便于讨论，我们将管理定义为：

管理就是一定组织中的管理者，通过实施计划、组织、领导和控制职能，协调他人的活动，带领人们既有效果又有效率地实现组织目标的过程。这一定义中有四个方面的要点：

第一，管理是为了实现组织的目标，管理本身不是目的；

第二，管理是为了最大限度地激发人们的能力，而不是把人管住；

第三，管理是"做正确的事"和"正确地做事"；

第四，管理要完成计划、组织、领导、控制四种类型的活动。

下面我们对这几个要点逐一展开简单的讨论。

1. 要点一：管理是为了实现组织的目标，管理本身不是目的

管理存在于一定的组织之中，是为了有效地实现组织的目标而存在的。管理本身不是目的，就如同指挥乐队不是目的一样。如果管理不能促进组织实现目标，管理就没有意义，甚至会是负面的或有害的。有一个重要的管理原则——管理要“聚焦于结果和创造价值”，说的就是这个道理。违反了这个原则，管理活动就会舍本逐末、弄巧成拙，甚至南辕北辙。

人们常常可以看到，在一些大型组织中，管理部门林立，管理人员众多，从事管理工作的都是机构中的精英，人们的精英意识都很强，无形中使得管理工作似乎天然地具有了某种正当性。很多时候，管理本身变成了目的，管理活动发生了异化，出现了越来越多的“为管理而管理”的现象。当然，这样的事情并不限于大型组织，在很多中小型组织中也有。

著名的帕金森法则反映的就是这方面的问题。它说的是组织中的官员们热衷于扩大自己的势力，官员之间彼此给对方找活干。人们看上去似乎都在很努力地做事，做什么事情却并不重要。于是，组织的目标从人们的视野中消失了。

彼得·德鲁克在《管理》一书中对此也有过精辟的论述：“就管理本身而言，无所谓什么职能，而且也无所谓什么存在。管理如果脱离了它所服务的组织就不是管理了。人们所理解并加以谴责的官僚主义就是那种误认为自己是目的而组织是手段的管理。这是管理层，特别是那些不受市场考验约束的管理层容易犯的一种退化性毛病。预防、制止并在可能的情况下治疗这种毛病，应该是任何一个有效的管理者以及一本有效的管理著作的首要目标。”

美国前国务卿鲍威尔在其回忆录《我的美国之路》中记述了他在20世纪70年代越战期间的一段经历。鲍威尔回忆说，当时他曾带领连队驻扎在一个大山里的军事基地中，任务是保卫近旁的一个军用机场。这个机场是干什么的呢？是为了给这个基地运输给养！鲍威尔感叹道："我们在这里是因为我们在这里……"鲍威尔提到的这种现象颇具代表性。在各种组织的管理中，类似的事情比比皆是。人们在勤勤恳恳地管理着，却忘记了管理要达成什么目的。管理并非越多越好，糟糕的管理比没有管理更糟糕！

2. 要点二：管理是为了最大限度地激发人们的能力，而不是把人管住

笔者曾接触过一家高新技术机构，其员工基本上都是知识型人才，其总裁本人也是一位高学历的技术专家。这位总裁上任后大大增加了管理方面的投入。例如，该机构的考勤手段在短短一两年内多次升级换代，刚开始是签到，后来换成了打卡，接着改成了摁指纹，后来又升级为了一套瞳孔扫描装置。据说，该总裁最近又在考虑在办公楼里安装一套摄像监控装置，因为有许多人在早8点到晚5点之间溜出去办私事。也许，接下来还需要考虑再引入一套脑电波扫描装置，因为似乎有不少人坐在办公桌前却在考虑工作以外的问题……

正如上述这位总裁一样，很多场合，人们一说到管理，考虑的就是如何把人管住，探讨的就是"管人的艺术"，很多书籍也是从"如何把人管住"这个角度来讨论管理问题的。这实际上是天大的误解。

说到把人管住，这个世界上或许只有一种机构是以此为目标的，那就是监狱。只有监狱里的狱警才要把人管住。管理者当然不是狱警，管理的目的也绝非把人管住。管理是要协调、带领人们去实现目标，是要最大限度地发挥人们的积极性、主动性和创造性，是要让人们承担起对工作和组织的高度责任。用管理中的一个术语来说，就是要把人激活，或者说，是要实现组织成员的活性化。

激活或活性化（empowerment），是现代管理中一个非常重要的概念，它有两方面的含义，其一是指使人们具有作出决定和采取行动的知识、技能、职权和意愿；其二是使人们对其行动的后果和组织的成败负有责任。

首先，活性化意味着要激活在传统管理中被视为“死人”、“木头”的员工，要通过真正意义上的管理，让人们都变成齐天大圣孙悟空，让每个人都能够大显神通，都能够去攻坚、去挑大梁。这就需要赋予员工各种各样的要素。要给员工相应的知识，让他“懂”；仅有知识还不行，还得给他技能，让他“会”；有了知识和技能，捆住他的手脚也不行，还得赋予他做事情的职权；有知识、有技能、有职权，如果他不愿意做事，又奈他何？所以还得给他努力去做事情的意愿。通过赋予人们知识、技能、职权和意愿，让每个人都能变成神通广大的孙悟空，每个人都能独当一面，最大限度地发挥自己的潜能，是活化性概念的第一层含义。

但是，如果只是强调把人们都变成孙悟空，也还不够。万一孙悟空们猴性发作，各自为政或者胡作非为，岂不糟糕？所以，还要能够把孙悟空们的力量汇聚起来，使他们的目标与组织的目标一致起来，形成一股实现组织目标的强大合力。这就要求在孙悟空们的脑袋上扣上一个“箍”。这个“箍”是什么呢？就是责任。这里的责任也有两方面的含义，一是每个人要对自己的行为负责，承担做事的后果；二是每个人要对组织的成败负责，即组织成败，员工有责。培育人们的这种责任感，是活性化概念的另一层含义。

从一定意义上说，活性化这一概念是现代管理与传统管理在“人”这个问题上的分水岭。传统管理把人看做“死人”、“木头”，与机器、设备、原材料别无二致；现代管理则主张，一个组织是否具有竞争力，是成功还是失败，很大程度上取决于其成员被激活的程度。

传统管理体制下，企业中的员工常常只是被视为公司需要的一些胳膊、腿而已。也就是说，那个时代的企业需要的不是有头脑、精神、创造力、责任感、主动性的人，人不过是会说话的工具而已。

但是，那样的时代早已一去不复返。今天的时代是知识经济的时代，是人才主权的时代。知识和人才成了价值创造的主导因素，成了一个企业乃至一个国家的竞争力的最主要源泉。如果不能把人的积极性最大限度地调动起来，不能把人的能力最大限度地释放出来，组织就很难有作为。

有效的管理在创造财富、达成组织目标的同时，也在创造人们的人生，帮助每个有理想、有追求的具体的个人实现自我。不难想象，与那些仅仅把员工看做“物”的企业相比，由高度活性化的员工队伍所构成的组织会具有怎样的竞争优势。今天，一个组织能否取得成功，很大程度上取决于其成员被激活的程度。要实现员工队伍的活性化，就要求管理者必须具有新的思维方式和行为方式。

3. 要点三：管理是“做正确的事”和“正确地做事”

有效的管理就是“正确地去做正确的事”。“做正确的事”涉及的是效果（effectiveness）问题，“正确地做事”涉及的则是效率（efficiency）问题。效果和效率是管理中非常重要的两大命题。效率是做事的多、少、快、慢，是投入和产出的比较；效果则意味着方向和目标的达成情况。

普通员工工作得好还是坏很容易判断，因为他的工作相对简单，标准相对明确，他工作得好还是坏更多地体现在工作效率上，体现在他是否正确地做事上。

相对而言，管理者，尤其是高层管理者，其工作好坏很难一眼看出来。做得好不好与他的卖力程度没有必然联系，并不是做事越多越快就越好。管理者有效与否，不能简单地用工作时间和工作数量来判断，也不可以用鞠躬尽瘁的程度来判断。我们完全可以想象，“高效地去做错误的事情”意味着什么。

作为管理者，如果只关注“正确地做事”，而不明白“做正确的事”，就会越忙越乱，越忙越糟糕。现实中，很多管理者看起来很努力、兢兢业业，却劳而无功，甚至常常南辕北辙。所以做管理，尤其是做高层管理者，首先要想清楚什么是正确的事，这要比“忙”重要得多。

4. 要点四：管理要完成计划、组织、领导、控制四种类型的活动

管理是由计划、组织、领导和控制这样一系列相互关联、连续进行的活动构成的。这些活动被称为管理的职能。这里，职能可以理解为活动。管理的职能也就是管理所包括的各项具体活动。

计划就是“谋”，即明确组织的目标和实现目标的途径。目标反映了组织活动的未来终点，指出了组织将要到哪里去。途径则是连接当前与未来的桥梁，是由现实到理想的阶梯，告诉人们如何才能到达自己的目的地。计划是每个管理者做管理工作的首要活动，是管理的起点。

组织意味着分工和协作。清楚了目标和实现目标的途径，就要去实施。如何实施呢？现在一个企业，少则几十人，多则几十万人，我们不可能振臂一呼：“冲啊！”所以，即使计划得再好，要美梦成真，要把理想转化为现实，还必须弄清楚谁在前面冲锋、谁在后面支援、谁在侧面掩护这样一些事情。只有通过组织活动，才能够把人们合理地配置起来，让每个人都知道自己应该做什么，让彼此之间能够有效地协作，形成一种合力去实现共同的目标。

领导意味着“领”着人们、“导”着人们去实现组织的目标。具体来说，就是要在所管理的组织中形成一种氛围，形成一个“场”，让人们一旦置身其中就愿意全力以赴去努力奋斗。这就是领导的含义。组织中成员众多，背景各异，各有各的想法，各有各的追求，要让人们心往一块想，劲往一处使，绝非易事。管理者必须运用各种适当的方法，对组织成员施加影响，努力营造一种使组织成员能够全心全意、士气高昂地为实现组织目标而努力的氛围。这就是管理的领导职能所要完成的任务。

控制就是使事情按计划进行。通过计划、组织、领导并不能自然而然地实现预期的目标。俗话说，计划赶不上变化。前进的道路上会有各种各样意想不到的事情，也许走着走着就跑偏了、跑歪了。这时就要纠偏，这种纠偏的活动就叫做控制。通过控制，使事情按计划进行，使我们的活动在正确的轨道上进行，最终实现组织的目标。

一个组织要长久地生存下去，计划、组织、领导、控制就不是一次性活动。旧的目标实现了，就要进行新一轮计划、组织、领导和控制。因此，管理活动表现为一个循环往复、螺旋式上升的过程。

二、什么是 MBA?

许多有志于从事管理工作的年轻人会选择到高校去读一个 MBA 的学位，也有许多在职的管理者通过去参加各种各样的 MBA 课程班、研修班等来给自己充电。近年来，MBA 这个词成了社会上的一个时髦用语。那么，什么是 MBA?

众所周知，MBA 是一个英文缩写词，其英文全称为“master of business administration”，中文含义是“工商管理硕士”。其中的“master”是硕士学位，“administration”是管理，而“business”则是商业或经营，也可以理解为人们常说的“生意”。

李嘉诚是生意人，比尔·盖茨是生意人，柳传志、马云等也都是生意人。大家可以看到，这几位的生意差别很大，涉及不同的领域和行业。尽管如此，但他们都是做“business”的。有人或许会觉得“生意”这个词不太雅，我们可以换一种说法，即“营利性的经济活动”。所以，MBA 就是管理营利性经济活动的一种硕士学位项目。MBA 中还有一种特殊的项目叫做 EMBA，其中的 E 是 CEO 这个缩写词中的 E，因此，EMBA 就是针对高层管理人士的 MBA。

可以看出，这里的“BA”实际上也就是人们熟知的企业管理。透过 MBA 这个词，我们可以认识到，企业管理其实可以看做两方面的活动：一方面是B，是生意，是经营；另一方面是A，是管理。企业管理就是要通过A把B做好，即通过管理活动来把经营活动做好。

顺便说一下，我国还有另外一种管理方面的学位——MPA，即公共管理硕士学位。MPA中的“M”与“A”同样代表硕士学位和管理，而其中的P是英文“public”这个词的首字母，其含义是公共事务的、非营利事业的。显然，这个项目培养的是非营利组织的管理者。

前面我们讨论过管理的职能，亦即MBA这个词中的A包括了计划、组织、领导和控制四个方面的职能。那么，B（也就是经营活动）又包括哪些职能或哪些基本活动呢?

为了分析这个问题，需要引入一个简单的输入输出模型（见图0—1）。任何类型的企业、任何一种“business”，都可以用这个模型来表示。经营一个企业就意味着，通过输入一定的人、财、物资源，经过组织的内部活动，输出各种各样的产品或服务。这个模型具有广泛的适用性。

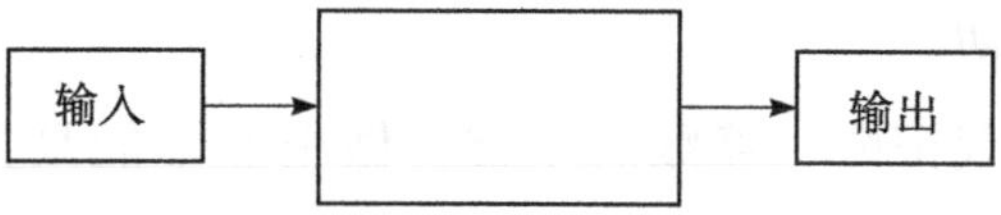

图0—1 输入—输出模型

借助这个模型，现代管理的奠基人之一的亨利·法约尔（Henri Fayol）对于business所包括的基本活动进行了深入的思考。他把经营活动分为六大类，即技术性活动、商业性活动、会计活动、财务活动、安全活动和管理活动。

1. 技术性活动

根据法约尔的分析，无论是制造业还是服务业，所有类型的business都包括了把输入转变成输出的转变性活动。如果是一家制鞋厂，这种转变性活动就是其生产活动；如果是一家医院，就是其诊疗活动；如果是一所大学，就是其教学科研活动。可以说，任何类型的机构都要从事这种把输入转变成输出的转变性活动，法约尔称之为技术性活动。今天这类活动一般被称为运营活动或生产运营活动。显然，正是这类活动在组织中承担着创造价值的任务。

2. 商业性活动

所有的组织都开展从市场上买进来，再卖到市场上这样的活动。也正因为如此，做生意、做企业才被人们俗称为做买卖。法约尔把“买”和“卖”方面的活动称为商业性活动。这类活动也就是通常所说的“营销活动”。

3. 会计活动

只有获得盈余，企业才能够生存和发展，赔本的生意难以为继。要想知道企业是否盈利，生意是否亏本，就要记录整个经营活动的收入与支出，清点企业的财产，记录、统计生产过程中的直接成本和间接成本。这类活动便是人们所熟知的会计活动，是经营企业必不可少的一项活动。

4. 财务活动

当然，仅仅记账、算账还不够，做企业不能只关注机器、设备、原材料、产品等，有时，一些看不见摸不着的东西会决定企业的生死存亡。比如，某企业去年进口原材料以人民币结算，今年改成了美元。由于美元贬值，两者之间会有很大的差异。如果不注意这一点，就很可能产品生产了一大堆，最后却把企业做没了。这意味着，企业不仅是在做产品，而且必须在价值形态上越做越大。有关如何有效地筹措、运用资金并使之增值方面的活动便是企业的财务活动。

5. 安全活动

同时，决定企业成败的还有安全方面的问题。有关人、财、物安全方面的问题经常是致命的，有时一把火就会让一个企业遭受灭顶之灾。所以，确保安全方面的活动对于企业的存续和发展也是至关重要的。

6. 管理活动

管理活动不同于经营，它构成了企业经营中的第六类必不可少的活动。法约尔认为，管理包括计划、组织、指挥、协调和控制五个方面的活动："管理，就是实行计划、组织、指挥、协调和控制；计划，就是探索未来、制定行动计划；组织，就是建立企业的物质和社会的双重结构；指挥，就是使其人员发挥作用；协调，就是连接、联合、调和所有的活动及力量；控制，就是注意是否一切都按已制定的规章和下达的命令进行。"

管理能够走进大学讲堂，法约尔居功至伟。100 多年前，一方面，生产力有了巨大的发展，企业变得越来越复杂，对管理提出的要求越来越高；另一方面，管理人才的培养已不能满足时代的需要。管理者或者是靠自己摸索，或者是靠师傅带徒弟，培养的效率很低。

法约尔认为，管理能力可以通过教育来获得，"缺少管理教育"是由于"没有管理理论"，每个管理者都按照自己的方法、原则和个人的经验行事，但是谁也不曾设法使那些被人们接受的规则和经验变成普遍的管理理论。

法约尔因此到高等院校去游说，鼓吹应当像培养工程师一样来批量制造经理人。可是，批量培养工程师，高等院校有现成的知识体系，知道应该学什么、教什么，而批量制造经理，应该学什么、教什么呢？正是为了回答这个问题，法约尔深入思考了管理（A)、经营（B)、企业管理等最基础的概念，从而奠定了现代管理教育的基础。

今天企业管理领域的这套概念体系在很大程度上是由法约尔建立的，经过近百年的变迁，这些概念仅在具体表述上略有变化。现在，最常见的说法是，管理（A）就是计划、组织、领导、控制，而经营（B）通常表现为三大职能领域，即运营或生产（输入转变成输出）、营销（把产品和服务提供给顾客）、财务（与资金的筹措和运用相关的活动）。关于管理（A）和经营（B）的职能的分析如图0—2所示。

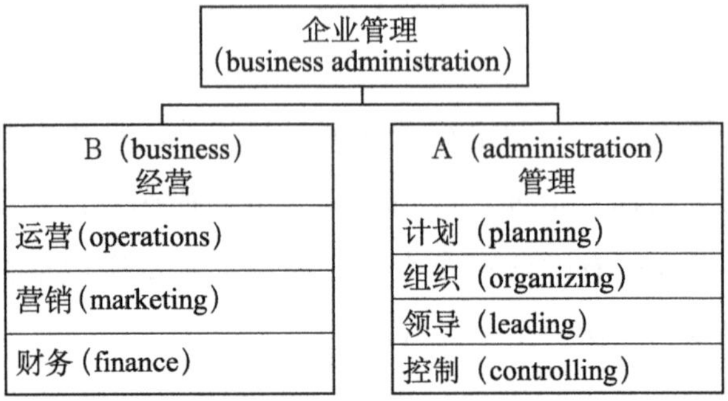

图0—2　A的职能和B的职能

从图0—2中可以看出，运营管理就是对组织的运营活动的计划、组织、领导、控制；营销管理就是对营销活动的计划、组织、领导、控制；财务管理就是对财务活动的计划、组织、领导、控制。进一步，我们可以定义人力资源管理、研发管理、仓储管理、供应链管理，等等。

那么，什么是企业管理呢？企业管理就是通过计划、组织、领导、控制来做好组织的运营、营销、财务这一系列的活动，就是通过管理的职能来做好企业的职能，通过A来做好B。

从这个意义上来讲，MBA课程也可以看做由两大类内容构成，一类是关于B（经营）方面的内容，另一类是关于A（管理）方面的内容。

三、管理者要有哪些技能？

有一家经营电器的民营企业在创业之初生意做得风生水起，几年间就由一个十多人的小作坊发展成为两三百人的公司，销售额也达到了上亿元的规模。但是，近一两年却问题不断。原来卖得不错的产品开始进入衰退期，核心员工接二连三地跳槽，与经销商的关系似乎也出现了裂痕，各部门之间矛盾多于合作……企业的发展似乎到了一个瓶颈。

根据一位管理咨询顾问对该企业的诊断，“该公司最主要的问题在于没有总经理”。一个企业怎么会没有总经理呢？该公司老板名片上的头衔不就是董事长、总经理吗？事实上，这位老板的总经理头衔有名无实。此人做销售起家，也酷爱销售，至今仍然冲杀在销售第一线。当被问及自己的最大本事是什么时，他毫不犹豫地回答：“销售！没有我搞不定的客户。任何销售上的难题，都是我去解决的。”是的，他是个王牌销售员。但是，公司的发展方向、组织架构、人才培养等战略性问题却没有人去思考和关注。这家公司就如同一艘没有舵手的轮船，在随波逐流、起伏漂荡。

这样的公司并不罕见。许多企业发展到一定程度，就会遭遇瓶颈。这是个普遍的问题。是什么因素制约着这类企业的发展呢？很多情况下都是由于A方面的原因造成的。通常，这些创业者、经营者在B方面的能力都很强，但A方面的能力相对较弱。要从原来的生意人转变成职业经理，用职业经理的素养来管理企业，实际上是一个重大的考验，甚至是一个浴火重生的过程。从这个意义上讲，创业者有一个角色转变的问题，即要从“B角”向“A角”转变。

作为一位管理者，不管是在高层，还是在中层和基层，要把自己的工作做好，使自己的工作达到一定的标准和要求，就必须具有特定的技能。一般认为，管理者需要具备三种基本的技能或素质，即技术技能（technical skills）、人际技能（human skills）和概念技能（conceptual skills）。

1. 技术技能

技术技能是指对于特定专业领域的知识的熟悉和掌握，也就是人们常说的业务方面的技能。例如，小学校长在教学方面的造诣，会计师事务所的所长对于会计业务的掌握，车间主任对于生产业务的精通等。显然，技术技能对于基层的管理者尤为重要，成为业务内行是他们进行有效管理的前提。对于中高层的管理者来说，技术技能的要求相对低些。

2. 人际技能

人际技能是指管理者在与人沟通，激励、引导和鼓舞人方面的技能。具有良好人际技能的管理者能够理解员工，善于调动员工的积极性。人际技能对于各个层级的管理者都是必备的。

3. 概念技能

概念技能是指对复杂事物的洞察、分析、判断、抽象和概括的能力。管理者应能看到组织的全貌和整体，了解组织与外部环境是怎样互动的，理解组织内部各部分是怎样相互作用的。概念技能对于高层管理者尤为重要。

管理技能的重要性随管理者的层级不同而有所不同。对于基层管理者，技术技能最重要，人际技能也是非常有益的，概念技能的要求则相对较低。对于中层管理者，技术技能的重要性有所下降，人际技能的要求变化不大，概念技能的重要性则有所上升。对于高层管理者，概念技能和人际技能最重要，技术技能的要求则相对较低。在大企业，高层管理者可以充分借助下属的技术技能，因而对其自身的技术技能要求不高。但在小企业，即使是高层管理者，技术技能也是非常重要的。

四、管理者扮演何种角色？

管理者究竟做些什么，这并非一目了然。从计划、组织、领导和控制这几个方面来分析管理，这是一种规范的框架，这一框架强调更多的是管理者应该做些什么。加拿大管理学家亨利·明茨伯格（Henry Mintzberg）的视角十分独特，他从管理者所扮演的具体角色的角度进行了深入的分析。

明茨伯格认为，可以通过考察管理者在工作中扮演的角色来描述管理者究竟是做什么的。根据对不同机构的五位总经理的细致观察，明茨伯格构造了一个描述管理者的分类框架。这一框架指出，管理者实际上是在扮演 10 种不同但高度相关的角色。这 10 种角色又可以进一步归纳为三个主要的类别，即人际方面的角色（interpersonal roles）、信息方面的角色（informational roles）和决策方面的角色（decisional roles）。

人际方面的角色包含处理人际关系（下级和组织外的人）以及其他礼仪性和象征性的职责，其中包括象征性首脑、领导者和联络者三种角色。信息方面的角色包括接收、收集和传播信息方面的职责，其中包括监听者、传播者和发言人三种角色。决策方面的角色的职责是作出抉择，包括企业家、混乱驾驭者、资源分配者和谈判者四种角色。明茨伯格的管理角色分类如表 0—1 所示。

研究表明，这种角色分类在不同的组织中和不同的管理层次上都具有一定的有效性。但是，管理者角色的重点随组织的层次不同而变化。特别是，象征性首脑、传播者、谈判者、联络者和发言人的角色更多地表现在组织的高层，而领导者的角色在基层管理者身上表现得更为明显。

明茨伯格的角色分类与前述的管理职能之间并非毫无关联。例如，资源分配者角色可以看做计划职能的一部分，而企业家角色和人际方面的三个角色都可以看做领导职能的一部分。管理角色的分类有助于我们从另一个视角来加深对管理工作的理解。

表 0—1　　明茨伯格的管理角色分类

	角色	描述	特征活动
人际方面	1. 挂名首脑	象征性首脑；必须履行许多法律性或社会性的例行义务	迎接来访者；签署法律文件
	2. 领导者	负责激励下属；承担人员配备、培训以及有关的职责	实际上从事所有的有下级参与的活动
	3. 联络者	维护自行发展起来的外部关系和消息来源，从中得到帮助和信息	发感谢信；从事外部委员会的工作；从事其他有外部人员参加的活动
信息方面	4. 监听者	寻求和获取各种内部和外部的信息，以便透彻地理解组织与环境	阅读期刊和报告；与有关人员保持私人接触
	5. 传播者	将从外部人员和下级那里获取的信息传递给组织的其他成员	举行信息交流会；用打电话的方式转达信息
	6. 发言人	向外界发布组织的计划、政策、行动、结果等	召开董事会；向媒体发布信息
决策方面	7. 企业家	寻求组织和环境中的机会，制定“改进方案”以发起变革	组织战略制定和检查会议，以开发新项目
	8. 混乱驾驭者	当组织面临重大的、意外的混乱时，负责采取纠正行动	组织应对混乱和危机的战略制定和检查会议
	9. 资源分配者	负责分配组织的各种资源——制定和批准所有有关的组织决策	调度、授权、开展预算活动，安排下级的工作
	10. 谈判者	在主要的谈判中作为组织的代表	参加与工会的合同谈判

值得一提的是，明茨伯格后来又主张，通过培养管理者的五种心智模式（mind-set），将有助于管理者更加有效地认识现实世界和解决实际问题。这五种心智模式即反思、分析、练达、合作和行动，分别侧重于对于自我、组织、环境、关系和变革的管理。基于五种心智模式的管理教育希望通过对于整合的重视，来克服传统的基于职能方式的割裂和拆分。

正是基于明茨伯格所提倡的这套框架，包括欧洲工商管理学院、英国兰卡斯特大学、加拿大麦吉尔大学、东京一桥大学和印度管理学院在内的五所院校联合创立了国际实践管理硕士项目（IMPM），在全球管理教育领域中独树一帜。

五、如何确保管理者尽心尽责？

本章开篇时曾提到中石油众高管的贪腐事件，看一下涉事人员的简历，就知个个都非平庸之辈，能力突出、事业心强是他们的共同特征。可是，在达到或接近事业和权力的顶峰时，他们却纷纷马失前蹄，断送了大好前程，着实令人唏嘘不已。单纯指责涉事人员的道德品质差恐怕并不能完全解释这些现象。

据报道，在整个中石油系统内，管理制度的缺失十分严重。总公司对油田等下属企业只有产量、成本等量化指标，内部的监督、核查制度形同虚设，往往是“一把手”的意志决定了一切。而对于一把手，却没有有效的监督和约束，很大程度上要靠当事人本人的自律。就连接受媒体采访的某石油央企高管也坦言：“在没有外部有效制约的前提下，期望自律能够完全约束他，是不可能的。”总之，该事件在很大程度上反映了这类国有企业在制度设计上的疏失。

在现代企业中，资本所有权与经营决策权发生了分离。在股东、董事会、经理之间就产生了一种委托—代理关系。从委托人的立场来看，代理人的行为原则是使其自身的效用最大化。因此就必须设计一种契约或机制，以对代理人提供某种激励或制约，使得代理人在自身效用最大化的条件约束下，实现委托人的效用最大化。与通常所讲的管理相区别，有关这种委托—代理关系的制度安排方面的问题通常称为企业的“治理”（governance）问题。

公司制是现代企业制度的主体形式。我国近年来所强调的建立现代企业制度，就是要对国有企业进行公司制改造，目的就是按照“产权清晰、权责明确、政企分开、管理科学”的要求，把国有企业建成自主经营、自负盈亏、自我发展、自我约束的法人实体和市场竞争主体。

根据国际惯例，规模较大的公司，其内部治理结构通常由股东会、监事会、董事会和经理层组成，他们依据法律赋予的权、责、利相互分工，相互制衡。权力机构、决策机构、监督机构和执行机构相互独立、相互监督制衡，确保企业能够规范、高效地运营与发展。

一定形式的治理制度构成了企业大厦的地基。在这个平台上，经理人员运用其知识、技能、经验和所掌握的信息，通过对企业的人财物资源的计划、组织、领导与控制，来实施企业管理，实现企业的各项目标，保证企业的生存与发展。企业的治理与企业的管理所要解决的是两类不同性质的问题。概略地说，前者主要解决的是经理层的激励与约束问题，后者则主要关心的是如何协调资源来实现企业目标的问题。

打一个比方来说，企业的治理制度就相当于一个舞台，管理者就是在这个舞台上表演的生、旦、净、末、丑。只有这个舞台建得好，各种角儿才能展示出最上乘的唱念做打的功夫，奉献出一流的艺术作品。如果这个舞台建得不好，演员的功夫再好，也难以得到充分的发挥，甚至还可能因为舞台上的障碍、陷坑而失足甚至断送艺术生涯。人们经常提到的有关国企领导人的“59岁现象”便折射出了我国国有企业在治理制度方面存在的问题。

提及这个问题，人们常常会想到原红塔集团董事长褚时健、原广东健力宝集团董事长李经纬等人的坎坷命运。当然，治理问题并不限于国有企业的范畴，各种所有制形式的企业，各种非营利组织和事业单位，均存在治理问题。例如，国美电器的黄光裕入狱后与当时的CEO陈晓之间的纠葛、中国红十字会这两年所面对的尴尬局面等所折射出的也是治理问题。

当然，面对治理这个舞台时，管理者并不是完全无助和被动的。一方面，当面对治理制度缺失的情景时，管理者要提高警惕，加强自律，要确立正确的人生观，避免各种恶的诱惑，避免因小利而失大局，甚至可以采取择木而栖的策略。另一方面，在一定条件下，管理者的主观能动性对于治理制度的完善是能够发挥出积极的作用的。

六、什么是企业家和企业家精神?

这里的企业家（entrepreneur）并不等同于人们通常意义上所说的老板、总经理，更多地是指那些善于把握机会，勇于创新、尝试和冒险的创业者和开拓者。从这个意义上讲，将这类人称为创业家或“起业家”更为恰当。这些人在创业之初未必拥有多少资源，他们更擅长的是发现机会并调动和整合资源去开发这些机会。我国的柳传志、马云、史玉柱、李彦宏，国外的比尔·盖茨、贝佐斯、扎克伯格等人都可以看成是典型的具有企业家特征的人士。

企业家精神（entrepreneurship）是指个人或群体通过有组织的努力，以创新和独特的方式去追求机会、创造价值和谋求增长的欲望和能力。企业家精神有着三个方面的重要内涵。第一是对机会的追求和把握，那些典型的具有企业家精神的人士都善于把握环境的趋势和变化，而且往往是尚未被人们注意的趋势和变化。第二是创新。创新意味着变革、革新、转换和引入新方法。第三是增长。创业者们不满足于停留在小规模或现有的规模上，希望其事业能够尽可能增长，他们致力于不断寻找新的趋势和机会，不断创新，不断推出新产品和新的经营方式。

德鲁克曾经讲过这样一个小故事。在一个社交晚会上，几位女士正在讨论养宠物的话题。当其中的一位提及她很想养一只京巴狗却没能买到时，旁边过来一位年轻人搭话说：“夫人，我想我能帮您的忙，如果价钱合适的话。”经过一番讨论，双方达成了共识。几分钟之后，只听刚才的年轻人在门厅处跟人通电话说：“请帮我查一下，什么是京巴狗?何处可以搞到?”按照德鲁克的说法，这位年轻人身上所体现出的就是典型的企业家精神——首先把握机会，然后寻求资源设法使之实现！

企业家精神对于营利性组织和非营利组织的成功都是至关重要的。这些组织要想获得成功，都必须追求机会、创新和增长。在现代社会中，企业家精神日益受到重视，甚至被认为是一种最稀缺的资源。

创办企业是一件功德无量的事情。我们一方面要坚决肯定现有的企业家队伍为社会做出的贡献，另一方面要大力推动越来越多的人士投身于创办企业的伟大事业。为此，我们就必须澄清一些最基本的认识。

首先，企业经营者的动机和道德不应受到质疑。我国改革开放30多年来在经济上取得了举世瞩目的伟大成就，先后投身于创办企业的千千万万的优秀人士对此功不可没。但不可否认的是，由于几千年来农业社会的影响，人们对于企业、企业家仍然有着根深蒂固的负面认识。许多人认为企业和企业主的目的就只是追逐利润，人们对于工商界人士的道德水准也有着普遍的怀疑，“无商不奸”这种说法的广为流传便是例证。

将工商界人士的动机与从事其他职业的人士的动机进行简单的高下之分是不合适的。艺术家、教师、消防员等“高尚”职业的人士当然有着非金钱的追求，但他们也绝非不食人间烟火。与此相比，工商界人士的非金钱动机往往被极大地低估，虽然这些人士同样履行着公民义务，其中许多人为公益和慈善事业做出了巨大的贡献。公平地说，对人们进行评价应当依据其对于人类的实际贡献，而不是只依据他们的动机。实际贡献能够被观察到，甚至在一定程度上可以衡量，动机却很难得到证明。

其次，企业的发展促进了人类文明的进步。工商企业无数倍地增加了人类的财富，提升了人们的生活水平。人类的进步与物质财富的进步难以割裂开来。如果连衣、食、住、行方面的基本需要都得不到满足，人们是不大可能去关注人生中更美好的事物的。文化的进步是伴随着物质生产的进步而来的，只有在经济效率增长到一定程度以后，一部分人才有可能投身于教育、艺术、哲学、宗教及文化活动。对于我国的现代化进程而言，企业发挥着主导性作用。未来所面临的挑战是激动人心的。随着技术的进步和生活水平的提高，人们对于新产品和新服务的需求将会不断增加。人口的增长也要求企业在节约资源和保护环境的前提下生产更多的产品。

最后，企业是实现充分就业的主体。失业和就业不充分是造成各种社会问题的根源。在缓解各种紧迫的社会问题方面，企业扮演着重要的角色。促使人们踊跃创业是解决这些问题的最有力武器。而企业在创造商品和服务的同时，也创造了工作，创造了员工的购买力。一个健康发展的企业中的员工具有无限的前景，企业能够为员工创造辉煌的成长机会。成功的员工会成为社会中的稳定因素，他们的子女一般也不会成为社会的问题。从这个意义上说，企业是保证和促进社会安定和繁荣的最有力的机构。正如有人曾讲过的，“世上最大的善事莫过于为他人提供一份工作”。这种行为唯有企业家才有可能做到。

我国要进入中等发达国家的行列，就必须尽快从一个农村人口占主体的国家转变成为工业化国家，这意味着占人口三分之二的农村人口将转移到其他产业。现有的各种组织的吸纳能力远远不能满足要求。大力促进工商企业的发展，鼓励人们创办各种类型的企业，对于我国的经济发展和实现我们的战略目标具有至关重要的意义。工商企业是提供就业机会的主体，这是任何其他组织所无法替代的。

创业和经营企业是最具有意义、最具有挑战性和成就感的事业。只有全社会都认识到企业在社会中的正确地位，才能使最优秀的人投身于创业和经营企业的事业。

从这个意义上看，我们的大学以及其他各种教育机构在培养学生的创业能力方面并未发挥出应有的作用，在这方面的认识也很不到位。这些年，我们培养出的大学生、硕士生、博士生的数量高居世界首位，与此同时，却有越来越多的毕业生加入到了失业或半失业的队伍当中。学校、学生和家长们都在念叨就业难、找工作难，都在指望着现有的组织提供就业的岗位。可是，我们为什么不去想想自己创办一个组织去雇用他人或至少去为自己创造一个岗位？看看沿海地区的民营企业，众多低学历的创业者却雇用了大量高学历的就业者，这难道不值得我们深思吗？

七、组织为什么必须守法重德并承担社会责任？

组织作为一种社会的存在，在追求其自身的社会、经济目标的过程中，必须明辨是非、抑恶扬善。组织的决策和行为首先要合乎法律规定并符合道德要求，其次还应承担社会责任，努力使这个世界变得更美好。

依法守法，这是组织不言而喻的准绳。守法是任何人、任何组织安身立命的大前提，同时也受到国家机器的强制保障。法律，是管理者不可碰触的高压线。

恪守道德规范更多地是组织的内在觉悟和追求，是一种自觉的判断。组织为了确保和促进其行为恪守道德规范而采取的各种举措称为组织的道德管理。道德管理可以有多种途径，如选拔道德水准高的人员、制定道德准则、高层管理者以身垂范、建立合理的绩效评价制度、提供道德方面的培训、实施社会责任审计、向面临道德困境的人们提供支持，等等。只靠其中的某一项措施未必能产生多大的作用，但这些措施若能够以一种综合的方式来实施的话，便有可能显著地改善组织的道德风气和道德表现。

其中，发布和实施道德行为准则（code of ethics）是许多组织用于减少其成员在道德方面的困惑的一种通行做法。人们对于道德上的是非问题并非总是一清二楚的。道德行为准则是组织用于表明期望员工遵守的基本道德规则的正式文件。从全球范围来看，发布正式的道德准则这种做法也日益流行起来。

组织的社会责任是指组织追求有利于社会的长远目标的一种义务。社会责任超越了仅仅符合基本的经济和法律标准的限度，加入了一种道德的要求，促使人们做让社会变得更美好的事情，而不做那些有损于社会的事情。具有社会责任感的组织会主动地从事有助于改善社会的事情，而不限于法律要求或经济上有利的事情。之所以这样，是因为组织认为这些事情是应该做的、正确的或者合乎道德的。

相对于只考虑股东利益的传统观念，今天的组织越来越认识到利益相关者（stakeholders）这一概念的重要性。利益相关者也称相关方、利益攸关者、受益者或干系人，指的是可能从组织的成功中获益或因组织的失败而遭受损失的个人或团体。打个比方来说，一个组织就好比是由若干只蚂蚱绑在一起的一个命运共同体，一荣俱荣，一损俱损。通常认为，顾客、供应商、员工、股东和社会是一个企业组织的最基本的五大利益相关者。

对一个组织来说，失去利益相关者的支持可能意味着毁灭性的打击。组织为了持续获得支持，就应考虑所有利益相关者的期望和要求，并将这些要求反映到组织的战略中。利益相关者的概念对于组织具有非常重要的意义，认识到这一概念，有利于组织更加明确自身存在的目的和意义，有利于以一种更加开阔的视野去从事组织的活动。

近年来，社会责任已经不再只是学术研究和探讨的范畴，而成为企业界和其他各类组织的一项重要实践。许多国际组织制定了有关社会责任的标准、准则或指南，还有些国际组织建立了有关社会责任的认证制度，这些都极大地推动了全球的社会责任实践。国际标准化组织的 ISO 26000《社会责任指南》、联合国“全球契约”、社会责任国际的 SA 8000（见表 0—2）、社会与伦理责任研究所（Institute of Social and Ethic Accountability）的 AA 1000 AS 标准、全球报告倡议组织（GRI）的《可持续报告指南》等，是最具有影响的几种社会责任指南文件。中国国务院国有资产监督管理委员会于 2007 年出台了《关于中央企业履行社会责任的指导意见》，并于 2012 年 5 月成立了国资委中央企业社会责任指导委员会，极大促进了我国国有企业尤其是中央企业对于社会责任的重视。定期撰写和发布企业社会责任报告和可持续发展报告已经成为许多企业的一种惯行。

表 0—2　　SA 8000 的主要内容

涉及领域	具体内容
童工 (child labor)	企业不得招用童工或支持招用童工的行为
强迫性劳动 (forced labor)	企业不得或支持使用强制劳工，或在雇佣中要求抵押金，企业必须允许员工下班后离开并允许员工辞职
健康与安全 (health & safety)	企业须提供安全健康的工作环境、对事故伤害的防护、健康安全教育、卫生清洁维持设备和常备饮用水
组织工会的自由与集体谈判的权利 (freedom of association and right to collective bargaining)	企业应尊重所有员工自由成立和参加工会，以及集体谈判的权利
歧视 (discrimination)	不允许因种族、阶级、国籍、宗教、残障、性别、加入工会或政治倾向等产生歧视
惩戒性措施 (disciplinary practices)	企业不得从事或支持肉体上的惩罚、心理或生理上的压制和语言上的凌辱
工作时间 (working hours)	企业（组织）必须遵循适用法律；员工每周工作不得超过 60 小时；加班必须自愿；员工每 7 天中至少休息 1 天
工资报酬 (compensation)	员工工资不低于法定或行业最低报酬，必须足以支付基本需求；员工能自由处置收入。雇主必须发给津贴、代扣保险等费用，不得弄虚作假规避法律
管理体系 (management systems)	企业管理高层应制定有关社会责任和劳动条件的企业政策，以确保履行社会责任。企业应对供应商进行管制，确保供应商履行其社会责任

八、管理的 12 个问题

前已述及，管理是由计划、组织、领导和控制四大职能所构成。为了使之便于掌握，具有可操作性，我们可以进一步把各个管理职能细分为一系列具体的动作。

在计划活动中，最重要的就是要对如下这四个问题做出回答：

（1）我是谁？

（2）我要到哪里去？

（3）我的处事原则是什么？

（4）我如何到那里去？

其中，“我是谁？”这一问题对应着一个组织的基本定位，在管理中称之为组织的使命或宗旨；第二个问题，“我要到哪里去？”所对应的是组织的愿景和目标；第三个问题，“我的处事原则是什么？”所对应的是组织的价值观或者核心价值观；最后一个问题，“我如何到那里去？”则涉及实现愿景、目标的战略途径方面的问题。

管理的组织职能可以归纳为对两方面问题的回答，即：

（1）我当如何工作？

（2）我们当如何工作？

前者涉及的是组织中的职位设计方面的问题，后者则是关于如何构造有效的组织结构方面的问题。

有效的领导涉及以下三个方面。首先，明确你的领导方式。其次，让所有人都知道要跟你到哪里去。最后，营造一种氛围，促使人们全力以赴与你一道去努力实现目标。领导职能同样也可以表达为三个问题，即：

（1）我当如何领导人们？

（2）我如何让人们都知道要到哪里去？

（3）我如何让人们全力以赴？

就控制活动的本质来看，不管什么类型的控制都是由三个步骤所构成。第一个步骤是制定控制的标准，即确定你用什么尺子来衡量；第二个步骤是测量绩效，找出偏差；第三个步骤是分析原因，采取措施。这称为控制的三部曲。为了便于读者理解和掌握，控制三部曲也可以转化为如下的三个问题，即：

（1）我们应当测量什么？

（2）如何测量？

（3）造成偏差的原因是什么？

这 12 个基本问题与管理的四大职能的相对应关系如下（见图 0—3）：

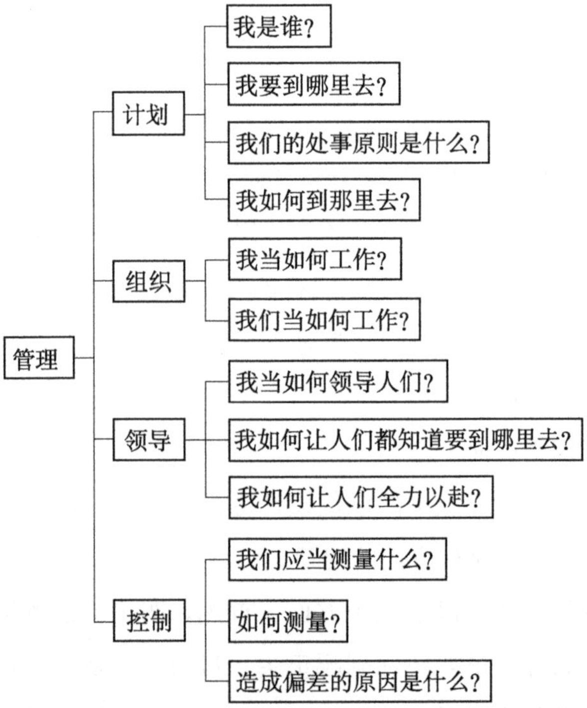

图 0—3　管理的 12 个基本问题与四大职能对应图

管理不只是智慧和思考，更是实践和行动。如同农民种田一般，一分耕耘一分收获。为了得到果实，犁地、播种、浇水、整田，等等，一个动作都不能少。投机取巧，略过了某个环节，就会影响收成甚至颗粒无收。管理也是如此，也有一系列不能不做的基本动作。在管理上，再多的大道理，再深奥的知识，如果不能够落实为必要的行动，也是不会有收获的。这些基本动作，亦即关于管理一个组织必须回答的 12 个问题，便构成了这本小书的基本框架。

本书并不允诺提供什么管理“秘方”或“灵丹妙药”，而只是提出一些管理者必须面对和思考的问题。管理只有永远的问题而没有永远的答案，而只有提出正确的问题才谈得上解决问题。本书所提出的 12 个基本问题既是一个思考管理问题的逻辑框架，又是一张帮助管理者诊断问题和解决问题的核对表（checklist）。回答了这 12 个问题未必一定能够保证组织或管理者的成功。但几乎可以肯定的是，不能够明确回答这 12 个问题的组织或管理者，其管理必定是存在缺失的。

1

我是谁？

——使命定位

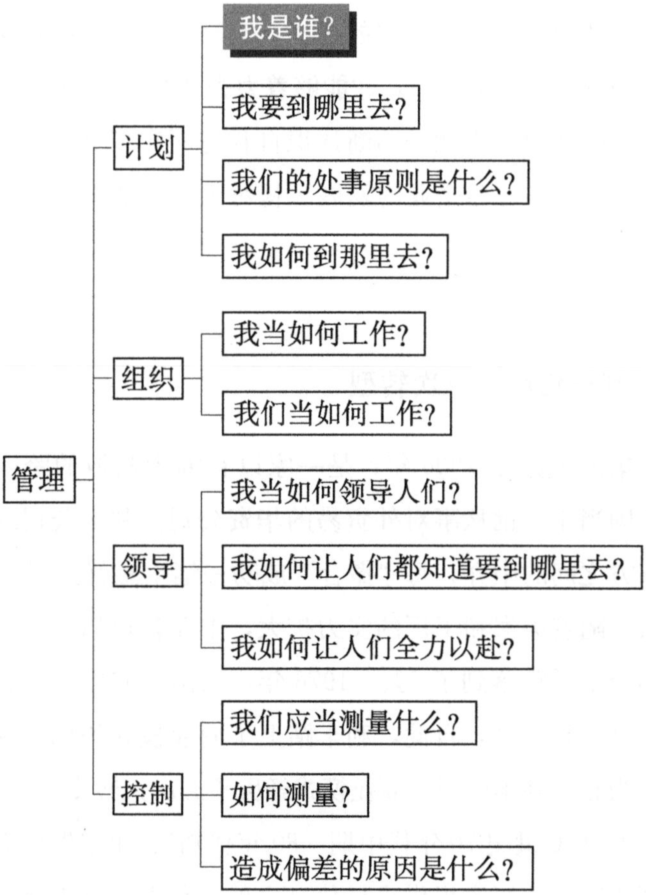

管理
计划
我是谁？
我要到哪里去？
我们的处事原则是什么？
我如何到那里去？
组织
我当如何工作？
我们当如何工作？
领导
我当如何领导人们？
我如何让人们都知道要到哪里去？
我如何让人们全力以赴？
控制
我们应当测量什么？
如何测量？
造成偏差的原因是什么？

我是谁？对于人类来说，这是一个亘古不变的哲学问题。我是我的容貌吗？我是我的躯干吗？我是我的灵魂吗？我是我的声望吗？我是我的家族的显赫吗？我是我的成就吗？我是我的头衔或职称吗？我是我的财富的数字吗？我们正是在不断思索和认识自身的过程中成长、成熟着，也常常会因迷失了自我而遭受挫折和磨难。在法庭接受审判中的薄熙来，不知是否也曾有过恍惚，两年前那个在万众簇拥中引吭高歌的伟岸形象又是谁？

组织同样也存在一个自我认知的问题，也需要思考和明确“我是谁？”这一问题。这一问题涉及的是组织的基本定位，在管理上称为组织的使命（mission）或宗旨（purpose）。

使命反映了一个组织存在的理由。它决定了一个组织做什么、不做什么。使命既反映了组织的选择，也表达了组织的承诺。一个组织只有明确了自己的使命，才能够着力去“做正确的事”。许多组织的成长、成功的过程就是不断认识自我进而实现自我的过程。利丰、联想、万科等著名企业的发展历程对于我们认识这一问题颇有启迪。

一、利丰集团的五次转型

利丰集团创办于 1906 年，是一家以香港为基地的跨国商贸集团，是中国当年首批从事对外贸易的华资公司。利丰公司最初是作为买卖双方之间的中介，每“撮合”成功一笔生意就挣得 15%的佣金。此后，随着买家和工厂的实力扩大，中介公司的生存空间日益缩小，佣金水平跌落到了 3%。1976 年，冯国经和冯国纶兄弟从美国返回香港接替父亲，自此，利丰踏上了商业模式的创新和变革之路。迄今为止，利丰公司的商业模式经历了五次大转变。

第一变（20 世纪 70 年代中期—80 年代初）：由采购中介转变为采购公司。除了向买家提供市场信息之外，利丰还对不同厂家的生产能力和产品质量做出评估，为买家选择适合的厂家和供应商，并代表买家讨价还价和监控质量。同时，还协助厂家做生产管理，保证其在劳工法例、生产环境及环保等方面符合国际标准。

第二变（80年代初—80年代末）：由采购公司转变为无疆界生产计划管理者与实施者。客户提供初步的产品概念，利丰会为客户制定一个完整的生产计划。利丰会根据客户提出的草案，进行市场调研，从各地采购合适的配件，并选择最适合的制造商。在生产过程中，利丰会对生产工序做出规划及监控，以确保产品质量和及时交付。

第三变（90年代初—21世纪初）：由无疆界生产者转变为虚拟生产商。新模式下，利丰会直接与海外买家签订合同，但是将生产外包给有实力的工厂，利丰负责统筹并密切参与整个生产过程，包括所有产品的设计、采购、生产管理与控制，以及物流与航运等其他支持性工作。

第四变（21世纪初—2010年）：由虚拟生产商转变为网络整合商。利丰的供应商有15 000多个。对于每一个客户，利丰都会根据其需要从这个供应商网络里寻找最适合的，每一顾客的每份订单的供应链都会不同。利丰利用其供应商网络、采购网络、物流网络和分销网络，根据顾客的需求定制方案。

第五变（2010年至今）：由网络整合商转变为一体化供应链解决方案提供商，其核心价值是为客户采购优质低价的产品，并在短时间内交付成品。业务范围包含供应链的最初阶段（产品设计、原料采购、生产流程设计、选择供应商）与最末阶段（生产监管、质量检查、组装货运到销售给最终消费者），而将中段实际生产部分外包给15 000家供应商。

在百年的历史变迁中，香港的商行一批又一批地更新换代，利丰却依靠其创新和变革的精神渡过了一次又一次危机，始终屹立不倒，并且不断发展壮大。集团2010年营业额逾160亿美元，雇佣员工超过41 000名。

（根据《百年利丰》一书整理，中国人民大学出版社，2011。）

二、联想的光荣与梦想

1984年10月，柳传志带领中国科学院10名科技人员在中关村成立了中国科学院计算技术研究所新技术发展公司——联想的前身。公司只有20万元的启动资金，最初的业务是卖彩电、电子表、旱冰鞋等产品。1987年，公司成功地推出了联想式汉卡，这是对公司具有重大意义的第一个具有自主产权的产品，它大大促进了公司代理业务的发展。后来，“联想”成为公司的名称。

2000年以后，国内PC、家电等行业竞争环境日益加剧，很多企业都选择了价格战，竞争呈现出白热化的状态。为了满足投资者对联想持续增长的要求，同时也是为了实现联想做大做强的梦想，联想集团总裁兼CEO杨元庆和他的团队制定了雄心勃勃的三年规划，计划到2003年营业规模达到600亿元。从此，联想走上了历时三年的多元化道路。

联想首先大举进军互联网领域，这包括：巨资投入FM365门户网站，收购财经网站“赢时通”40%的股份，投资3 000万元现金与北大附中合作成立北大附中远程教育网，与新东方合作建立新东方教育在线，以及与AOL合作成立互联网和传媒内容提供商“联想傲龙”。遗憾的是，互联网领域的这些尝试先后都以失败退出而告终。

2001年，联想集团进入了信息服务领域。2002年，联想先是以5 500万港元入主“汉普”，拥有“汉普”51%的股份，并把联想现有IT咨询业务悉数注入。接着，又与智软成立联想智软计算机科技有限公司，“联想智软”定位于为保险业提供专业化的管理软件、实施方案、系统集成等IT系统服务。然而，这些公司都未能完成预定目标，甚至出现严重的亏损。

此外，联想还于2001年成立融科智地，宣布进入房地产行业。2002年，联想又出资9 000万元与厦华合资成立移动通信公司，进军手机业务领域。这些业务表现均不尽如人意。

三年的多元化之路没有实现预期的目标。三年中，联想累计只完成了50%的销售增长，26%的利润增长。此外，联想的核心业务也面临来自戴尔等竞争对手的严峻挑战。2003年，联想PC的出货量增加了15.1%，市场占有率却仅为21.3%，与2000年相比下降了近9个百分点，而戴尔出货量的增长高达63%，在国内电脑销售榜上跃居第二，并且增长势头不减。

在这种情况下，2003年底，杨元庆领导他的管理层花了将近一个月的时间，对多元化以来所遭遇的挫折进行反思，认为主要的原因有三点：第一，对市场形势的估计过于乐观，致使目标定得过高；第二，对中国加入WTO以后市场竞争格局可能发生的变化估计不足；第三，对多元化发展的复杂性估计不足。在此基础上，联想决定做出三大战略调整：第一，专注核心PC业务；第二，引入直销，抗衡戴尔；第三，走国际化道路。

在这一战略的指导下，联想从多个领域退出，专注于PC，并于2004年成功收购IBM一跃成为全球第三大PC制造商。经过全方位的调整，2004年第三季度，联想的经营状况开始好转。2005年联想完成了对IBM个人电脑业务的收购。2006年，联想连续第十年占据中国PC市场份额第一的位置。2007年，在信息产业部公布的“2007中国信息百强企业”中，联想以1 389亿元的营业额位居榜首。2008年，联想集团以年度总营业额167.88亿美元首次跻身“世界500强”，同年，联想圆满地完成了为2008年北京奥运会提供全方位信息技术支持的工作。

由于世界经济危机的影响，联想2009财年净亏2.26亿美元，这是联想成立以来最大的亏损。为了摆脱危机，柳传志重新出山担任集团董事长；联想决策层提出双拳战略，即在成熟市场保住目前的市场份额，在新兴市场主动出击，扩大自己的市场份额，提高产品毛利润率。这一系列的措施成功地将企业拖出泥潭。联想在 2010 财年盈利 1.29 亿美元，实现扭亏为盈。

2012 年 10 月，国际著名市场调研机构高得纳公司（Gartner）发布 2012 年第三季度全球 PC 行业报告，称联想已经超越惠普，成为全球最大的个人电脑厂商。不过，全球 PC 王者之位已无法满足联想的雄心壮志。联想集团董事长兼 CEO 杨元庆说："在全球 PC 领域成为无可争议的领导者，仍然是联想的愿景之一，但这也仅仅是公司发展历程中的又一座里程碑而已。我们的使命是成为'PC＋'时代的领军企业。我们的目标不只是将联想打造成首屈一指的 PC＋品牌，更要把联想建设成全世界最受尊敬的企业之一。"

三、万科的加法、减法与乘法

万科企业股份有限公司成立于 1984 年。经过 30 年的发展，万科已经成为全球最大的住宅开发企业，2012 年销售额超过 1 400 亿元。

万科的发展历程，经历了从多元化到专业化再到精细化，从"做加法"到"做减法"再到"做乘法"的过程。1984 年，万科从生产办公用品起家，1987 年进入制造业，1988 年涉足房地产，1990 年初步形成商贸、文化、房地产、文化传播四大业务板块，1991 年确定综合商社发展模式，业务不断扩张。

1993 年，万科确立了以房地产为主业的发展方向，董事长王石开始带领万科"做减法"。一是收缩整体业务，退出与房地产无关的行业，从多元化经营向专营房地产收缩。二是投资区域的集中化，将房地产项目从 13 个城市削减到深、沪、京、津四个城市。三是定位于城市中档住宅，减少项目产品的品种。四是资金的集中化，从 1994 年起，万科把在全国 30 多家企业持有的股权分别转让，回收资金用于主业。经过十年“瘦身”，万科最终走上了专业化发展房地产的道路。

万科在完成“专业化”调整之后，从2000年开始第二轮扩张，由“专业化”向“精细化”转型。通过对美国房地产业发展过程的分析，万科发现，住宅工业化水平的不断提升，为住宅部件的规模化生产创造了条件。从2003年开始，万科着手推动住宅建设的产业化。2004年，万科成立了产业化中心，开展住宅产业化的研究。

2007年初，万科客户体验中心第一次在世人面前亮相。人们在这里能够感觉到万科宣传的“以人为本”概念并非空洞的口号。万科在这里向人们展示了他们是如何结合不同人群的生活场景描述，为细分人群量身打造住宅的。

在一个立体可变的空间内，可以从单身一人住到三口之家。随着家庭成员的增加，室内空间搭配也可向立体化拓展，厨房、浴室、卧室等空间和相关设备都可以选配不同的接口和连接。未来，客户可以根据自身需要，通过模块化的自选配件来设计家庭空间。万科还聘请了植物学专家，在对全国项目的景观植物进行调研的基础上，在基地内开展独立育种的工作，现已拥有30 000多棵苗木，未来这些独有的苗木将进入华南的各个项目，成为万科房地产项目的新亮点。

四、关于使命的评述

利丰、联想和万科三家公司经营不同的业务，处于不同的生态环境，它们的发展历程却展现了同样的逻辑。可以说，这几家公司的发展和成长就是一个不断发现自我、认识自我、超越自我的过程。通过对于自身所使命的不断探索而奠定了它们成功的基础。

没有明确的使命的组织，就如同一个梦游者。这样的组织往往是混乱的或趋于混乱的，看上去似乎无所不能，无所不为，实际上却一无所长，终究也会一无所成。在这类组织中，其成员追随的是自己的个人目的，而不是组织的共同追求。这样的组织最终分崩离析不足为怪。

我们再来欣赏一些著名公司的使命表述的例子。

海尔的使命是“美好住居生活解决方案提供商”；阿里巴巴的使命是“让天下没有难做的生意”；华为的使命是“丰富人们的沟通和生活，提升工作效率”；谷歌的使命是“汇整全球资讯，供大众使用，使人人受惠”。

组织的使命也不是一成不变的。管理层应当定期反思组织的使命，既要避免因埋头赶路而误入歧途，也要防止因钻入死胡同而错失良机。当然，组织过于频繁地变换使命也是不可取的。全面质量管理的鼻祖戴明博士在其著名的“戴明 14 点”中，第一点强调的就是**“树立改进产品和服务的长久使命”**。其中很重要的教诲就是，组织要立志，更要立长志。一个组织朝秦暮楚，一日三变，没有恒心和坚持，是注定不会有大成就的。

组织在确立自己的使命时，还要避免把目的跟手段混淆起来。20 世纪 70 年代，石英技术问世后，日本企业制造的物美价廉的电子表迅速占领市场，导致不少瑞士的中小钟表企业倒闭。是瑞士人不知道石英技术可以用于钟表吗？当然不是。按照著名的管理学家德鲁克的说法，瑞士人对于钟表齿轮的热爱使得他们对于石英技术视而不见。

小米科技的创始人雷军对此的认识颇为独到。小米科技自创立以来业绩非凡，该公司生产的智能手机在中国的出货量大有超过苹果 iPhone 的势头。2013 年 8 月小米推出的一款新型号的智能手机“红米”在 90 秒钟内销售了 10 万台。但小米科技的创始人雷军对于将小米和苹果相提并论这一点并不感到高兴。雷军表示，小米更像谷歌和亚马逊，本质上是一家互联网公司，手机只是一个载体。如同微软把 Windows 操作系统刻在 CD 上放在盒子里卖一样，盒子和

CD 只是载体。雷军说："如果人们非要将小米与某家外国公司比的话，你可说它有点像苹果，但是它更像亚马逊，也带有一些谷歌的特质。将这三家公司合在一块儿，可能更容易清晰地理解何为小米。小米卖移动电话就像亚马逊卖 Kindle 一样。所以你可以理解为什么我们要将它卖得这么便宜。"

2

我要到哪里去？

——愿景和目标

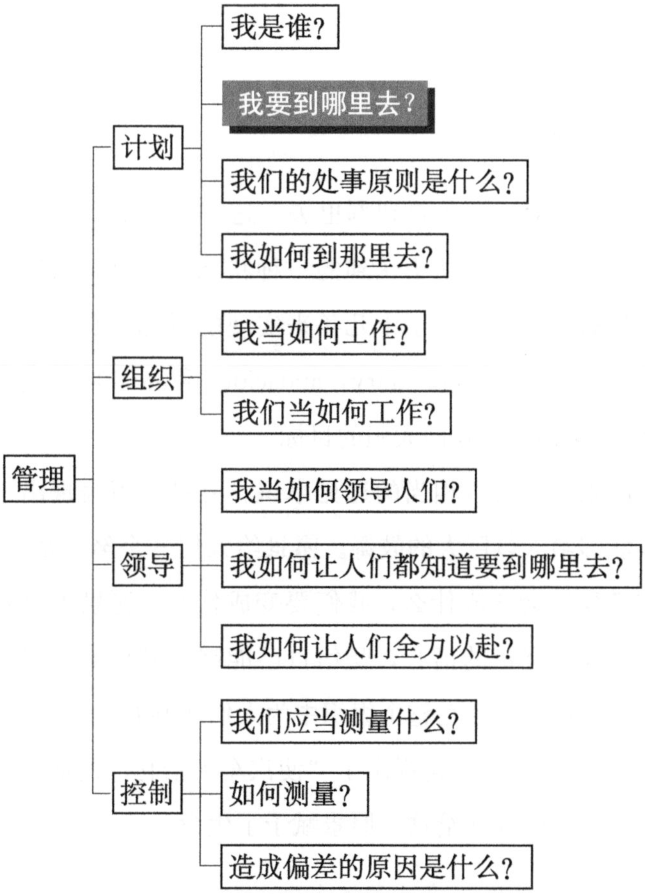

童话故事《艾丽斯漫游奇境》中，主人公是一个叫艾丽斯的小姑娘，她在一个很奇妙的地方（Wonderland）流连忘返，结果迷路了。她很着急地哭了起来。就在这个时候，走过来一只兔子。小姑娘就向这只兔子求助：我迷了路，请你告诉我，我应当怎么走？兔子的回答很具哲理，成了很多管理著作中的一句经典台词。

兔子说，你怎么走这并不重要，重要的是你要到哪里去。

你如果不知道自己要到哪里，知道怎么走又有什么意义？

看看我们的身边，有多少管理者因淹没于日常事务而一事无成！人们要么很少思考明天，要么把对明天的思考与今天的行动截然割裂开来。许多管理者的第一冲动是如何让人们更努力，但对于让人们努力去做什么、到何处去却不甚了了。

一、愿　景

在管理中，对于“我要到哪里去”这一问题的思考称为组织的愿景。愿景是组织未来期望达到的一种状态，是组织的远大的目标或追求，是需要花几年甚至十几年来实现的目标。愿景还常常被人们表述为“BHAG”（big，hairy，audacious 和 goal 四个词的首字母缩写），即“宏伟、惊险而大胆的目标”。

确立愿景要求具备相当的远见卓识。愿景应当表现出丰富的想象力，并能够给人以巨大的鼓舞。愿景给人们一个努力奋斗的方向，让人们知道我们会变成什么，我们要变成什么。愿景不是狂言或赌博，组织必须有坚定的信心，坚信自己能够美梦成真。好的愿景表述应当充满推动力，且在整个组织中为人们所共有。

福特公司在20世纪初提出了“使汽车大众化”的愿景。亨利·福特用生动形象的描述给这一愿景赋予了生命：

“我要为大众生产一种汽车……它的价格如此之低，不会有人因为薪水不高而无法拥有它，人们可以和家人一起在上帝赐予的广阔无垠的大自然里陶醉于快乐的时光……当我使之实现时，每个人都能买得起它，每个人都将拥有它。马会从我们的马路上消失，汽车理所当然地取代了它……（我将会）给众多的人提供就业机会，而且报酬不薄。”

再看其他一些知名公司的愿景的例子。

中国工商银行愿景是“建设最盈利、最优秀、最受尊重的国际一流现代金融企业”。中国移动的愿景是“成为卓越品质的创造者”。腾讯公司的愿景是“最受尊敬的互联网企业”。吉利汽车的愿景颇有点意思，“让世界充满吉利”。

二、目　标

目标则是个更广义的说法，它反映了个人、群体和组织活动的终点。组织的使命是通过完成一定的目标而得以实现的。一个组织的目标可以看成是由从上至下的多个层次的目标所构成的一个等级结构，如图 2—1 所示。处于顶层的是组织的使命和愿景，其下依次为组织的中长期目标、分领域目标、分系统目标、各部门目标，最后是组织成员的个人目标。在这个目标等级结构中，相邻两层目标间构成了一种目标—手段链的关系，下一层次的目标是保证上一层

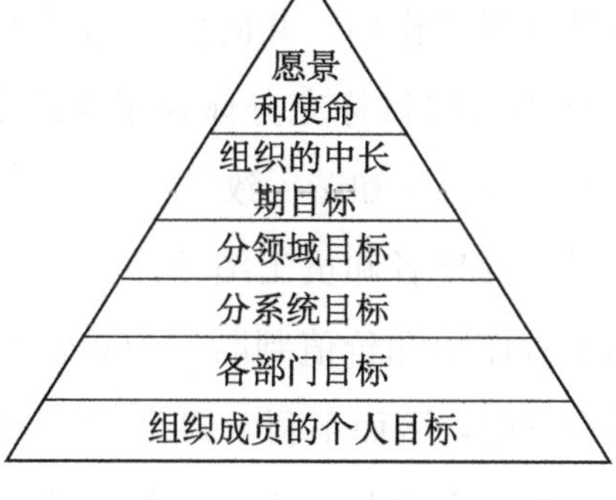

图 2—1　目标的等级结构

次目标得以实现的手段。

目标是长短期目标相协调的整体。组织的长期目标和短期目标之间必须形成一个相互协调的整体关系，才能使组织的活动取得成效。短期目标的设定是为了长期目标的实现。决定短期目标的过程，就是为了实现长期目标而对各项工作评定轻重缓急的过程。

目标要有效，就要满足这样几方面的要求，即它应当具体（specific）、可测量（measurable）、可实现（attainable）、相关（relevant）且具有特定的时间要求（time-bound），这通常称为目标的SMART原则。

确立目标这项工作之所以重要，是因为目标在管理中发挥着非常重要的作用。目标能够为管理工作指明方向，能够对组织的成员起到激励作用，能够促使组织的成员及各部门凝聚成一个有机的整体，也是考核各级管理者和员工绩效的客观标准。

第一，明确的目标为管理指明了方向。管理是一个为了达到共同目标而协调集体努力的过程。如果不是为了达到一定的目标，就无须管理。

第二，目标是激励组织成员的力量源泉。从组织成员个人的角度来看，目标的激励作用具体表现在两个方面：

（1）个人只有明确了目标才能调动其潜能，尽力而为，创造出最佳成绩；

（2）个人只有在达到目标后，才会产生成就感和满意感。

第三，目标还具有凝聚作用。共同的目标对于组织的成员具有一种凝聚力，特别是当组织目标充分体现了组织成员的共同利益，并能够与组织成员的个人目标和谐一致时。

第四，目标是考核管理者和员工绩效的客观标准。大量管理实践表明，将上级的主观印象和价值判断作为对管理者绩效的考核依据，是不客观、不合理的，因而不利于调动下级管理者的积极性。

根据有无明确的愿景和目标可以把组织分为两种类型，一类叫做战略驱动的组织，一种叫做机会驱动的组织。战略驱动的组织心中有个愿景，今天的一切行动都是围绕着其愿景来布局的。经过百折不挠的努力，历经艰辛，最后终于修成正果，到达了理想之地。机会驱动的企业，顾名思义，想不了那么远，左顾右盼，逮住一个机会算一个机会。

从某一个时点来看，这两类机构都有成功者。但是，只有其中一类能成为主动的成功者和长久的成功者，那就是战略驱动的组织。战略驱动的组织就像一艘有舵、有罗盘、有方向的轮船，它的成功在某种意义上是一种必然，或者说命运在很大程度上掌握在自己的手中。机会驱动的组织则好像一艘没有舵的轮船，在大海中随波逐流。如果运气特别好，可能漂到一个美丽的地方；如果运气不好，或许就会折戟沉沙，粉身碎骨。

要成为一个长久的成功者和主动的成功者，就要成为战略驱动的组织。

三、案例赏析：谭木匠与我善治木

1993 年，谭传华依靠 30 万元贷款和仅有的一只左手，从手工作坊起家创办了谭木匠，如今谭木匠已经成为木制品市场上叱咤风云的大品牌，在全国拥有 1 300 余家连锁店，遍及 31 个省区、200 多个城市以及新加坡、马来西亚，产品远销欧美、日本、东南亚以及港台等数十个国家和地区。2009 年 12 月 29 日，谭木匠正式在香港挂牌上市。

谭木匠以“诚实、劳动、快乐”为企业理念，其宗旨和使命是经过不懈努力，将谭木匠公司建设成为世界知名的好企业。公司始终不渝地致力于具有中国传统文化和工艺内涵的以木为本质的实用产品的研究、生产、开发和销售。在为消费者提供称心如意的产品的同时，争取为更多的人提供就业机会，提高生活品质，丰富生活内容，为所有投资者创造更大的价值。其发展目标是成为全世界以木为本质的实用工艺品的第一品牌。

梳子，是人们日常生活中不起眼却又离不开的小物件。然而正是因为不起眼，长期以来，生产梳子的厂家缺乏品牌意识，产品式样单一，更不要提内涵品位，高端木梳市场始终是一片空白。谭木匠抓住了这一商机，塑造自己高品质木梳的品牌形象，为小小的木梳注入文化内涵，创造出了一个巨大的市场“蓝海”。

创业之初，谭传华曾经想过“先生”、“小姐”、“三峡”等许多名字，但是效果并不理想，最后才启用了“谭木匠”。这三个字饱含着浓厚的乡土情结，“木匠”是中国传统上对木工手艺人的称呼，前面冠以“谭”字，符合中国传统商号的取名习惯，给人一种沧桑厚实的历史感，使得许多消费者误以为这家新开的“小作坊”是一家历史悠久的“老字号”。同时，檀木在中国民间是吉祥的象征物，有避邪驱邪的功用，“谭”与“檀”谐音，正好给人以美好联想。

1996 年，谭传华通过引进人才、加大研发投入，开发出新的工艺流程，在原先只有 10 来个品种的基础上设计出众多形状的木梳；通过银行贷款购买先进的水磨设备等，大大提高了木梳的质量。同年，谭传华让工人清理库房，清理出在技术改造之前生产的木梳共计 15 万把。这些木梳虽然是谭木匠在技改之前生产的，但是质量并不差，甚至好过市面上许多普通木梳，至少按照成本价出售是没有问题的，也有几个批发商对这批货表达了购买意向。但是，谭传华认为，这些梳子已经不符合谭木匠的质量标准，如果继续销售，与谭木匠的精品定位不符。尽管银行贷款的还贷压力很大，谭传华还是一把火烧毁了这批价值 30 万元的梳子。

2001 年，谭木匠更新全套设备。谭传华从日本企业身上悟到了这样的道理：“当一个工厂门口车水马龙，呈现一派需求繁荣景象时，就该考虑更换新设备了，这样你才会不易被超越。”短短 4 年后的 2005 年，他又淘汰了旧生产线，更换新设备。谭木匠重视设备的更新换代，但是并没有急速扩张产能。因为手工业的生产方式主要是师傅带徒弟，需要帮、传、教，一旦速度过快，产品质量就很难保证。谭木匠不打算实行非常工业化的流水线作业，而是尽量保持手工产品的特性。

2000年，公司花费当年利润的1/3请来了专家团，为公司导入企业形象识别系统（CI）。经过反复论证思考，谭木匠公司提出了融合传统与现代、以中国传统文化为基调的新店面设计方案，令人耳目一新，也很好地诠释了谭木匠品牌的文化内涵。当年8月，谭木匠将统一的门店形象和店面设计推广到全国，顾客无论走进全国各地的哪一家门店，都能感受到谭木匠新颖、统一的文化氛围。

新的店面装潢以红檀木色为标准色，具有沉着、古朴、传统、自然的特质，象征着活力、刚强、喜庆和吉祥；门外牌匾上书隶书体的“千年木梳，万丝情缘”字样；一袭布帘遮住了半扇门，上书“我善治木”。谭木匠的标识设计也别具一格，“谭”字用隶书，“木”字由几块木板搭成，“匠”字则配以木工作坊劳作图，极具中国传统文化特色。店堂内的布置装饰都围绕木头展开，正墙上悬挂着木锯、木钻、木刨、角尺，让人联想到木匠的勤劳平实；两旁的木橱柜中陈列着各种天然材质的木质手工梳镜，以及其他小木制品。在“我善治木”传递出的悠悠古韵中，“百年老店”的形象深入人心。

谭木匠在包装上采用分类包装的方法，高档木梳有特定的礼盒包装，普通木梳的外包装是富于中国传统特色的黑色或蓝底白花的中式小布口袋。谭木匠现在的产品包括镜梳、鬃毛发刷、刮痧板、手珠手镯、竹简木简、发簪头饰、车饰挂饰等；梳子的材质有紫檀、黑酸枝、黑檀木、玉檀木、角木、漆艺、酸红木、生漆、白角、红豆丝、水黄杨、桃木、铁木豆、黄檀等，形制有有手柄、无手柄、气囊梳、插齿梳、宽齿梳等，品种十分丰富。礼品袋、礼品盒的设计使谭木匠的产品不仅有实用价值，还成为馈赠佳品。

谭木匠的定价策略有两条：一是优质高价。谭木匠的门店面积虽然不大，但是地点都选在城市闹市区，人流量大，消费能力强。

经营单类产品，给人以高档、专业的印象，增强了人们的购物安全感。谭木匠的木梳价格是市场上无品牌的普通梳子的几倍，甚至几十倍，高价位与其专卖店的销售方式、地理位置和店面布置很协调，体现出谭木匠卓尔不凡的品位，也使谭木匠获得了很大的利润空间。二是统一定价。谭木匠所有专卖店的价格都是统一的，一律按照标价出售，从不打折还价，体现了谭木匠产品物有所值，这与所有高档品牌的营销策略相一致。谭木匠通过价格策略向消费者传递的信息是：谭木匠的梳子与其他梳子存在很大区别，谭木匠产品物有所值。

以木梳为起点和支点，谭木匠在建立起属于自己的渠道和网络，进而打造属于自己的品牌之后，也在向从梳子到梳理用品系列、到面向海外市场的奢侈品牌 TAN'S 系列、再到木质家居系列的整个产业链延伸。谭木匠销售的已经不仅仅是木制品，而是中国传统的文化产品和功能产品。

3

我们的处事原则是什么？

——核心价值观

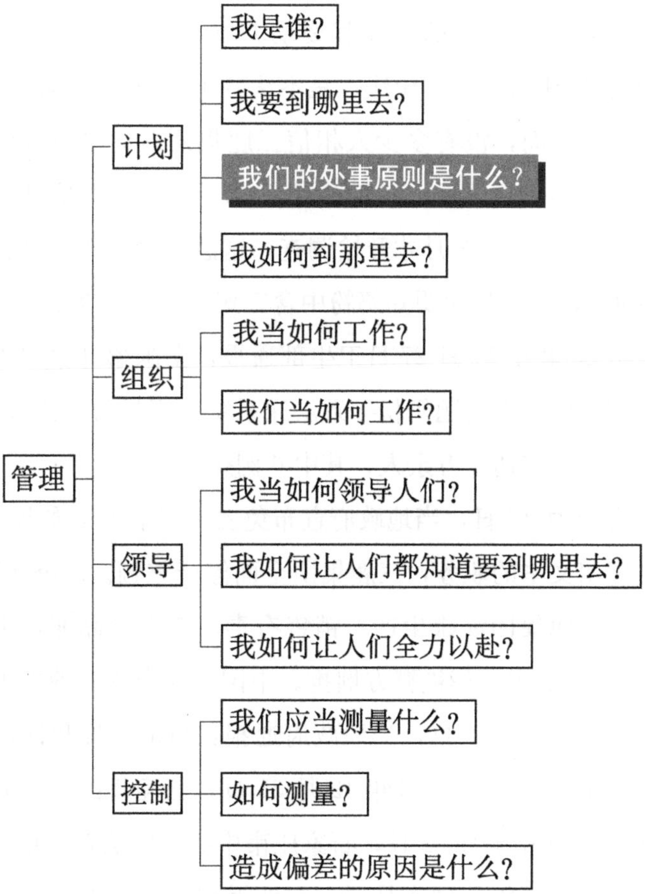

越来越多的人认为，组织应当成为一种有信念的存在，这种信念便是组织的价值观或核心价值观，它是一个组织所拥护和信奉的东西，是一个组织最重要和永恒的信条，是一小部分不随时间的变化而改变的原则。没有信念、没有价值观的组织意味着没有是非和善恶，注定会受到社会的抵制和反对，注定是不能够长久的。

一、三鹿“毒奶粉”事件回顾

许多人应该都还记得发生在 2008 年 9 月的“毒奶粉”事件。

三鹿集团位于河北省石家庄市，其奶粉销量连续 11 年位居全国第一。2008 年 9 月 11 日，中国卫生部宣布，“高度怀疑石家庄三鹿集团股份有限公司生产的三鹿牌婴幼儿配方奶粉受到三聚氰胺污染”。按照石家庄市政府的说法，是不法分子在原奶收购过程中添加了三聚氰胺。然而，没有多少人相信三鹿集团对此毫不知情。国务院调查组公布的信息显示，三鹿集团 2007 年 12 月即接到患儿家属投诉，但直到 2008 年 3 月才开始调查。这意味着，在接到投诉后的 3 个月时间里，三鹿集团明知奶粉中含三聚氰胺，还在继续生产和对外销售。至 2008 年 11 月 27 日卫生部通报，全国累计报告因食用三鹿牌奶粉和其他个别问题奶粉导致泌尿系统出现异常的患儿 29 万余人，住院的患儿多达 5 万余人，其中 6 例死亡。

2008 年 9 月 16 日，当地政府宣布免去三鹿集团党委书记、董事长及总经理田文华的职务，三鹿集团全面停产整顿。2008 年 9 月 17 日，因认定三鹿集团涉嫌生产、销售有毒、有害食品罪，带领这家企业前行 21 年的田文华被警方刑拘。中国奶业龙头企业的形象瞬间崩塌。2008 年 12 月 25 日，当地政府通报：目前三鹿集团净资产为 −11 亿元，宣告破产。2008 年 12 月 31 日，三鹿集团 4 名高管接受法律审判。2009 年 1 月 22 日，石家庄市中级人民法院一审宣判，田文华因犯生产、销售伪劣产品罪，判处无期徒刑，剥夺政治权利终身，并处罚金人民币 2 468 万元。

在这一震惊全国的事件中，三鹿集团的众高管在整个过程中的表现令人扼腕。他们这种唯利是图、没有底线、没有敬畏的经营行为断送了自己的事业和生活，搞垮了企业，也让整个奶制品产业遭受重创，更让成千上万的消费者受到伤害。企业、股东、员工乃至全社会都付出了沉重的代价。

二、强生“毒泰诺”事件的启示

与三鹿事件相对照，强生公司当年也曾遭遇类似的危机。但是，不同的行为方式却导致了两家公司迥然不同的命运。

1982 年 9 月 29 日和 30 日，在芝加哥地区发生有人因服用强生公司产品“泰诺”而中毒死亡的事件。消息传开后，在美国引起了一片恐慌。强生公司并没有掩盖事实，而是一方面同警方合作，展开对事件的调查，另一方面在全美国范围内回收了数百万瓶“泰诺”，同时花费 50 万美元向那些可能与此有关的内科医生、医院和经销商发出警报。经过对 800 万片药剂的检验，发现所有受污染的药片只源于一批药，总共不超过 75 片。最终的死亡人数只有 7 人，且全部限于芝加哥地区。最后的调查结果显示，是有人故意在“泰诺”的胶囊里投放了氰化物，而强生公司是无辜的。此事件的发生给强生公司造成了上亿美元的损失，但公司由于成功的善后处理而赢得了消费者和社会舆论的同情。在事故发生后仅 5 个月内，该公司就夺回了该药原来所占市场的 70%，并在两年后重新夺回市场老大的位置。

《华尔街日报》报道称：“强生公司选择了一种自己承担巨大损失而使他人免受伤害的做法。”许多人都知道，强生公司有一个“做最坏打算的危机管理方案”。但这并不是重点，强生能够渡过危机并不是因为应对技巧的老道或公关水平的高超，而是强生公司的信条在始终捍卫和保障着强生公司的信誉。

在强生公司精心经营百年间保持不变的原则与理念中，尤为显著的是其信条。强生及其所有分公司最醒目位置悬挂的从来不是市场任务，亦非营运周期或盈利数据，而始终是仅有一页的、语言简洁纯朴的——《我们的信条》。它深入到了每个强生员工的心中。在过去的 60 年间，它已被翻译成 36 种语言，传遍世界各地。

我们的信条

我们相信我们首先要对医生、护士和病人，对父母亲以及所有使用我们产品和接受我们服务的人负责。为了满足他们的需求，我们所做的一切都必须是高质量的。我们必须不断地致力于降低成本，以保持合理的价格。客户的订货必须迅速而准确地供应。我们的供应商和经销商应该有机会获得合理的利润。

我们要对世界各地和我们一起共事的男女同仁负责。每一位同仁都应被视为独立的个体。我们必须维护他们的尊严，赞赏他们的优点。要使他们对其工作有一种安全感。薪酬必须公平合理，工作环境必须清洁、整齐和安全。我们必须设法帮助员工履行他们对家庭的责任。必须让员工在提出建议和申诉时畅所欲言。对于合格的人必须给予平等的聘用、发展和升迁的机会。我们必须具备称职的管理人员，他们的行为必须公正并符合道德。

我们要对我们所生活和工作的社会、对整个世界负责。我们必须做好公民——支持对社会有益的活动和慈善事业，缴纳我们应纳的税款。我们必须鼓励全民进步，促进健康和教育事业。我们必须很好地维护我们所使用的财产，保护环境和自然资源。

最后，我们要对全体股东负责。企业经营必须获得可靠的利润。我们必须尝试新的构想。必须坚持研究工作，开发革新项目，承担错误的代价并加以改正。必须购置新设备，提供新设施，推出新产品。必须设立储备金，以备不时之需。如果我们依照这些原则进行经营，股东们就会获得合理的回报。

强生的信条教诲着每一位员工。首先，关注客户，关注世界上所有的医生、护士及父母；其次，关注员工，并尊重他们的尊严和价值；另外，也关注我们的社会，时刻提醒自己为社会作出贡献，维护我们所共有的财产；最后，关注股东的利益，给股东们合理的回报。

三、核心价值观

强生公司的这种信条反映了该公司的根本的处事原则，这通常被称为组织的价值观或核心价值观。核心价值观决定了组织对于好与坏、对与错、赞赏或者不屑等问题的判断。核心价值观不是一种功利性的选择，而是一个组织的信仰。正如强生公司的 CEO 拉尔夫·S·拉森（Ralph S. Larsen）所言："体现在我们经营宗旨中的核心价值观可能是竞争优势，但这并不是我们拥有它的原因。我们之所以拥有它，是因为它界定了我们的支持和主张，即便当它成为竞争劣势时，我们也会坚守它。"

孔子在《论语》中精辟地论述了价值观在管理中的意义："道之以政，齐之以刑，民免而无耻；道之以德，齐之以礼，有耻且格。"这里的"道"和"齐"可以理解为管理、治理的意思。前半句是说，依靠政令、法规、惩罚之类的东西来管理，人们就会想方设法地逃避、对付而失去自尊自律。后半句则讲，依托德和礼来管理，人们会自觉、自律，从而形成秩序与和谐。孔子的教诲对于我们做好管理工作颇有启迪。一个单位的管理如果只是一味地重视监督、惩罚，一味地强调制度、考评，实际上是一种自外于人们的做法，不可避免地就会出现上有政策、下有对策、钻空子、找漏子之类的现象，得到的充其量不过是消极地服从、遵守、循规蹈矩。而通过塑造人们所共享的核心价值观来进行管理，人们会自律、自尊，只有这样，才有可能发挥出主动性、积极性和创造性。

大哲学家康德在《实践理性批判》一书中写道："有两种东西，我对它们的思考越是深沉和持久，它们在我心灵中唤起的惊奇和敬畏就会越来越历久弥新，一是我们头上浩瀚的星空，另一个就是我们心中的道德律。它们向我印证，上帝在我头顶，亦在我心中。"康德甚至把这句话做成了自己的墓志铭。

也就是说，心中的道德律是一位内在的"上帝"，它时时刻刻地规范和调整着人们的行为。而组织的价值观和文化对于塑造和强化人们的这种道德律起着巨大的作用。与常用的程序、规则、指标之类的控制标准相比，组织的价值观和文化发挥着更为深远、广泛和持续的作用。

一个企业的核心价值观一般来说不会太多，通常只是三五条而已。核心价值观应当包括些什么内容并没有一定之规，但一般来说，绝大多数企业都会在其核心价值观中表达对于人、诚信等根本性问题的看法。此外，顾客、社会责任、创新、团队精神等也是常常包括的主题。

核心价值观不是唱高调，不是堆砌一些美丽而空洞的辞藻。更多的时候，它就像基督教中的"十诫"，表达的是一种底线。例如，著名的老字号同仁堂有两条传承了 300 多年的堂训，叫做"品味虽贵必不敢减物力，炮制虽繁必不敢省人工"。它无非是在强调"我绝不偷工减料"而已。这才是真正的核心价值观，它铸就了同仁堂的金字招牌。

核心价值观必须以管理层的行动和行为作为支持。言行一致，行胜于言。组织的方针政策必须符合核心价值观的要求。无论多么华丽的辞藻，其说服力都抵不过管理者的实际行动。你说"质量第一"，但只要有一次为了赶工期而"萝卜快了不洗泥"，人们就会知道你所强调的质量只不过是随口说说而已。确立组织的核心价值观不易，但主要管理者的一次轻率的行动就足以使之彻底被颠覆。

价值观必须经得起时间的考验。当组织初步拟定了一个核心价值观的清单后，可以针对每一个项目进行提问：如果环境改变了，我们因为拥有这一条价值观而受到惩罚时，我们还会保留它吗？如果你不能坦然地回答“是”，那么它就不是核心价值观，应该被排除在考虑之外。

关于价值观在企业管理中的作用，万通董事会主席冯仑的见解颇有见地。他认为企业应当向宗教组织学习来做好价值观的培训。(参考冯仑的《理想丰满》一书和他的博客)。

冯仑谈核心价值观

作为一种组织形态，存在时间最长的是宗教。每一种宗教都有四件法宝：一个无所不能让人敬畏的神，一本故事十启示的浅显易懂的经，一座集中学习的庙（或者教堂之类的东西），一群以培训为事业的人（比如传教士）。……

宗教就做了一件事，就是培训。不管是地下教会，还是公开的教会，每天都在一起交流学习心得，就学习一本书，几千年来就干一件事——培训，成本就低了。从组织上来分析宗教，就是用分散的分子状态存在，用价值观来协调，成本各自承担。这种组织行为成本低、见效快，而且经济效益特别好。

比宗教次一点的组织就是大学，大学的品牌也没人投诉。学校也是培训机构，学校的美誉度也很好，投诉也是零，没有一个人说自己犯法是学校教坏的。

所以从这个角度来看，如果能像宗教组织一样培养企业的价值观，并协调企业的行为和业务，像学校一样系统教育培训自己的员工，企业的组织还可以有巨大的提升空间。

冯仑的比喻是不是很有意思？

四、关于使命、愿景和价值观的综合思考

在管理实践中，对于使命、愿景、价值观等问题的思考并非各

不相关、孤立进行的。这几项内容密切关联，涉及各个领域、各个层次的管理者，构成了管理一个组织的基石。

有志者事竟成。使命、愿景、价值观就是一个组织的志向。托尔斯泰在《安娜·卡列尼娜》一书中写道："幸福的家庭都是相似的，而不幸的家庭各有各的不幸。"组织也是如此。失败者各有各的故事，成功者却极为相似。通常这些组织都有着明确的志向，都清楚自己在追求什么并能够始终如一。也就是说，成功的组织在使命、愿景、价值观等问题上都有着明确的认识。

使命、愿景、价值观在组织中的作用就如同北斗星、火车头、推动力和黏结剂。它为组织的成员指出方向，使人们聚集为一个具有高度一致性的集体，鼓动和推动着人们为实现组织的目标而奋勇前进，同时它们还起到了决策和行动的指南和坐标的作用，帮助人们认识哪些事情是重要的，哪些事情是次要的；哪些是组织不允许的，哪些是组织赞赏的。

使命、愿景、价值观不应当朝令夕改。有些人一生中成就辉煌，而另一些人也许同样聪明，同样有能力，但终其一生却几乎一事无成。造成这种差异的原因常常很简单：取得成功的人都知道他们想要达到什么样的目标，相应地把自己的努力和精力集中在这些目标上，并能够坚持不懈、持之以恒；而不太成功的人往往追求太多且没有长性，分散自己的精力，四面出击，试图同时处理许多事情。一个组织也是如此。要想取得成功，就要立长志，而不是常立志浅尝辄止。

使命、愿景、价值观等问题并非只是组织的最高层所考虑的问题，而是每一个管理者都必须思考、必须回答的问题。无论你是在高层，还是在中层，是CEO，还是一个部门经理，都要面对这些问题。俗话说，在其位谋其政。在高层的位置你就要谋整体，谋全局；在某一个局部，你就要思考局部的事情。无论是哪个层次的管理者，只有明确了"我是谁"、"我要到哪里去"等问题，你的努力才能指向正确的方向。首先思考并明确这些问题是一个职业的管理者的基本思维方式。

笔者曾经在宝洁公司观察到，在宝洁的工厂里，许多地方都竖着这么一块牌子。这些牌子的格式都是一样的，三方面的内容，即我们的使命是什么，我们的愿景是什么，关键的测量指标是什么（如图 3—1 所示）。这些牌子上所写的是谁的使命和愿景？是宝洁公司的吗？答案很简单，牌子上并非宝洁总公司的使命和愿景，牌子竖在哪里，就是哪里的使命和愿景。竖在一个车间，就是这个车间的，在一个工段，就是这个工段的。从这块牌子上，我们看到的实际上是“管理”这两个字。任何一个地方，只要竖立了这块牌子，就意味着这个地方被置于了“管理”之下。

Our Mission（我们的使命）：

- ……
- ……

Our Vision（我们的愿景）：

- ……
- ……

Key Measures（关键的测量指标）：

- ……
- ……

图 3—1　宝洁工厂的牌子

使命、愿景、价值观只有得到充分的沟通才能发挥作用。随着组织规模的扩大，人数会越来越多，人员的构成也会越来越多样化。这时，就组织的使命、愿景和价值观等东西进行充分的沟通便会比以往任何时候都更为重要。一个接待员的尖酸刻薄，一个客户服务代表的不负责任，几分钟内就可能毁掉你的公司通过几年的努力才得以建立的与某个客户的关系。管理者不能总是到现场去提醒员工要恪尽职守，也做不到对所有员工的行为洞察秋毫。这时，具有明确的使命、价值观和愿景并能够充分沟通的组织，将能够大大促进其成员的主动、自律和责任。许多机构将其使命、价值观、愿景印成一些方便携带的小卡片分发给员工，以使之成为人们每时每刻的行动指南。

使命、愿景、价值观综合起来就构成了一个组织的理念系统(mind identity，MI)，它相当于一个组织的“魂”，也是企业文化的最核心的构成。对使命、愿景、价值观进行正式的书面表述已经成为一种管理的常规。确立正式的MI系统有助于组织的理念得到充分的沟通，有利于组织成员的自我控制和自我激励，有利于确保组织的文化得到传承，还有利于组织通过迅速复制而成长、壮大。

4

我如何到那里去？

——战略管理

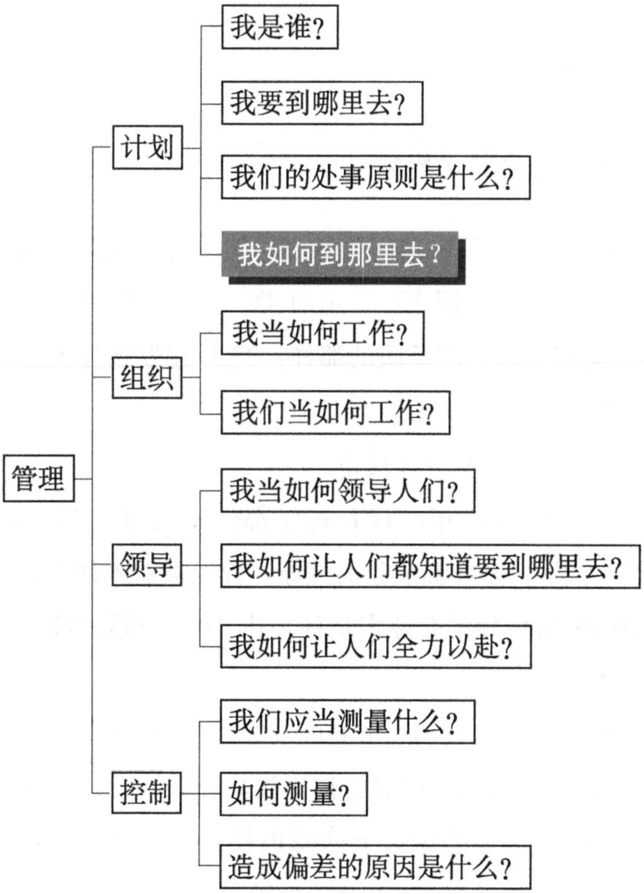

明确使命、价值观和愿景是管理任何一个组织的出发点。但是，如果不能对“我如何到那里去?”这一问题做出回答，再好的愿景也会沦为空想、空谈。只有回答了这一问题，才能把现在与未来联系起来，才有可能把理想变成现实。没有战略，愿景似乎只能是我们向往中的空中楼阁，而制定了较为清晰的战略就像是有了攀登高峰的梯子、绳索，使我们的目标不再是空中楼阁。

战略管理在很大程度上决定着组织的成败。在高度竞争的环境中，管理者能否有效地制定战略和执行战略，往往决定了一个组织是领先还是落后，决定了组织的命运是掌握在自己的手中，还是在竞争的激流中左冲右突，苟延残喘。

在本章中，我们首先欣赏一下 TCL、比亚迪和美国西南航空公司在战略方面的一些思路，然后进行理论的分析与阐述。

一、TCL 的国际化战略

TCL 集团股份有限公司创立于 1981 年，是中国最大的、全球经营的消费类电子企业集团之一。正如 TCL 的英文诠释“the creative life”（创意感动生活）所反映的那样，TCL 在发展壮大的过程中确立了自主创新方面的优势和能力。2012 年 TCL 有 6.8 万名员工，全球营业收入达 696.29 亿元人民币。

从 1997 年到 2004 年，TCL 每年都保持超过 40%的复合增长率，造就了连续 20 多年高成长的辉煌，曾经被业界评价为“超常企业”。创业时期所倡导的企业家精神，让 TCL 积累了敢于冒险与创新的文化。

2004 年 1 月 29 日，羽翼丰满的 TCL 与全球电子消费产品巨头法国汤姆逊集团在法国总理府签订协议，成立 TCL-汤姆逊电子有限公司（TTE)，成为全球最大的彩电供应商。仅仅半年后，TCL 又宣布与阿尔卡特共同组建 TCL-阿尔卡特手机公司（T&A)。

TCL在短时间内对集团的两大主营业务进行了国际化改造，成为中国企业国际化进程中的急先锋。

但是，在短暂的兴奋之后，TCL遭遇了前所未有的严峻挑战。并购后的整合困难重重，两家合资公司都不得不进行重组，TCL为国际化交出了巨额的学费。TCL在并购后的2005年、2006年连续两年亏损，作为上市公司面临着摘牌的危险，企业一度跌入谷底。

TCL管理层达成共识：国际化是一场持久战，不是一个结果而是一个过程。TCL将此后的国际化战略划分为扭亏、健康、成长的三个步骤。

2004—2007年是扭亏阶段，主要任务是在重塑企业文化的基础上进行战略调整和治理结构的变化。通过实施“无边界集中模式”，大幅减少了运营开支，使得曾经年度亏损高达26亿元的欧洲业务区得以扭亏。2007年12月，TCL重建了内部业务架构，出售了电脑业务和低压电器业务，并对部分产业进行了重组。新的业务架构包含四大产业集团和两个业务群。

2008—2010年则围绕健康来做文章，在资源有限的条件下，培养自我造血的能力，在内部考核当中，不太强调销售收入，而是注重经营利润、现金流等强调内部周转速度的指标。2008年、2009年，TCL在价值链的垂直整合方面迈出了很大的步伐。液晶模组从奠基到投产只用了8个半月，整机厂从奠基到投产也只用了9个月时间。2012年TCL品牌价值达到583.26亿元人民币，继续蝉联中国彩电业第一品牌。

经历了国际化的洗礼之后，TCL这只雄鹰再次势头强劲地翱翔在全球市场上。李东生豪迈地宣称：“敢为天下先的TCL人，定能凭借变革创新的智慧、百折不挠的毅力，谱写TCL历史的新篇章，实现TCL发展的新跨越!”

二、比亚迪的成本领先战略

比亚迪股份有限公司创立于 1995 年，是一家在香港上市的高新技术民营企业。2008 年 9 月 27 日，美国著名投资者巴菲特向比亚迪投资 2.3 亿美元，拥有其 10%的股份，扩大了比亚迪品牌的世界影响力。比亚迪现拥有 IT、汽车和新能源三大产业群。回顾比亚迪的发展历程，创始人王传福认为，最重要的一点是比亚迪奉行了独特的成本领先战略。

20 世纪 90 年代初，日本电池制造商垄断着全球近 90%的充电电池市场。为了维系垄断地位，日本禁止出口充电电池技术和设备。在这种情况下，比亚迪将自动化生产线予以分解，能够由人工完成的工序完全由手工操作，只有极小部分由机器完成。由此，比亚迪创造了自己独特的“人＋夹具＝机器手”的生产作业方式。

通过这样的流程再造，比亚迪成功地将电池制造这一资本密集型产业变成了劳动密集型产业，最大化地将技术与劳动力相结合，凭借成本优势超越外国竞争对手，生产出了比索尼、三洋便宜 15%而且品质更高的锂电池。

比亚迪利用客户群和技术原理的相通性，准确地抓住电池、手机零部件和汽车产业之间的契合点，实施相关多元化战略。2003 年，比亚迪收购西安秦川，正式进军汽车业。比亚迪将手机模具的制造技术和外壳设计经验成功地复制到汽车制造中。充电电池的制造技术和经验也帮助比亚迪在汽车领域获得了难以复制的成本优势。

王传福相信 2020 年将是电动汽车的世界，并且坚信电动汽车将给传统的汽车产业带来颠覆性的变革，就像电子表对机械表的冲击一样。在他看来，内燃机时代即将终结，燃油发动机汽车制造商使用的技术将变得毫无用处，因为电动汽车不需要这些。在 2009 年的北美国际车展上，比亚迪展示了双模电动车 F3DM、F6DM 以及纯电动车 E6，让人们看到比亚迪正在走向一个电动汽车的世界。

无论是在手机电池还是汽车制造领域，比亚迪都相信，最核心的是前端的研发设计。现在，比亚迪的汽车电池研发团队已经由最初的十几人扩充到 4 000 人，还将继续增加到 1 万人以上。比亚迪现有员工约 14 万人，其中包括 12 000 名工程师，约占员工总数的 9%。2008 年，比亚迪的研发投入为 11.6 亿元，比 2007 年增长 66%。与大型跨国公司相比，比亚迪拥有一大批低成本的研发人员，比亚迪内部把这种优势称为“301 效应”，即要用 300%的工程师人数换取 1%的领先。

2010 年，比亚迪遭遇了渠道风波，许多经销商要求退网，企业及产品形象严重受损，市值也大幅缩水。王传福经过反思，将比亚迪的错误总结为三个方面：一是渠道扩张过快，过度看重网点数量而忽略了经销商质量；二是产品品质有待提高；三是没有着重打造品牌内涵。经过三年的调整，2012 年比亚迪年销售汽车 45 万辆，同比增长 2.27%。

三、美国西南航空：保持简单

美国西南航空公司总部设在得克萨斯州达拉斯。西南航空以廉价航空公司而闻名，其经营战略被定位为低成本、低票价、高回报。1971 年西南航空艰难起步时，只有三架飞机，在得克萨斯州内运营，后来逐步成长为美国最大的国内航空公司，其市值超过了世界上任何一家航空公司。事实上，在“9·11”事件之后的很长一段时间内，西南航空的市值比美国国内所有其他竞争对手的总和还要大。竞争者、学者和分析家发现了西南航空公司成功的一些奥秘。

1. 只有一种飞机——波音 737

西南航空使用波音 737 执行其所有航班。随着波音公司飞机的不断升级，西南航空有波音 737 的不同机型，但这些机型可以使用相同的飞行员、乘务员、机械师、调度员，甚至整个团队中的其他服务人员。

2. 飞机过站速度很快

由于过站速度快，西南航空公司可以利用三架飞机完成其他竞争对手用四架飞机才能完成的高密度飞行方案。西南航空的平均过站时间要比竞争对手节省至少 15～20 分钟。

3. 采用点对点的路线系统

主流航空公司都采用中央枢纽型的路线系统。西南航空深知低成本的重要性，因此，自然而然地使用了点对点的路线系统，这样一来，不需要拥挤的中转中心机场，精简了无利可图的返程航班，同时允许公司只用一种机型进行运营。西南航空公司也知道，乘客更喜欢直飞的航班。

4. 保持简单

西南航空没有头等舱或商务舱，这使得公司可以对机舱座位进行改造，每架飞机多卖出 12 张机票。不分配座位，采用可以重复使用的塑料登机牌（只有 A、B、C 的批次），允许乘客先到先挑选座位，因此乘客登机的时间非常快，减少了乘客等待的时间。公司付给机场的着陆费也减少了。通常波音 737 的乘务员是 4～5 人，而西南航空因不提供餐饮服务只需用 2 人，还省去了昂贵的加热设施，改造后又增加了 6 个座位。飞机到达后的清洁工作也变得简单，节省了过站时间。西南航空也不托运宠物，不和其他的运营商联营。

5. 数据良好的资产负债表

西南航空的债务成本很低，公司不断发展壮大，但从来不试图过度扩张。在杠杆效应通常很大的航空业中，西南航空公司完全拥有 80%的飞机，同时因为其优秀的信用等级，可以通过支付很优惠的租金来租用其他飞机。

6. 运营卓越

很多竞争者认为，价格是唯一的决定性因素。航空座位本质上跟棉花或玉米一样，客户往往会挑选更便宜的。而在西南航空内部，人们更愿意说自己从事的不是航空业，而是客户服务业，只是凑巧使用飞机罢了。

四、战略管理的思路

战略管理是对组织的战略进行系统的分析、制定、实施和调整的过程。

在确立战略时，不同的组织有不同的做法，但总的来说，大多数组织都遵循着一个基本相似的过程：首先，明确组织的使命、愿景，以确定组织所从事业务的实质以及今后的发展方向；其次，对组织所面临的环境进行分析和研究，以把握机会，避开威胁；再次，对组织自身进行分析评价，彻底明确组织自身的优势和劣势、长处和短处；最后，在此基础上，选择组织所要采用的战略，实现组织与环境的最佳匹配。一个典型的战略管理过程如图 4—1 所示。

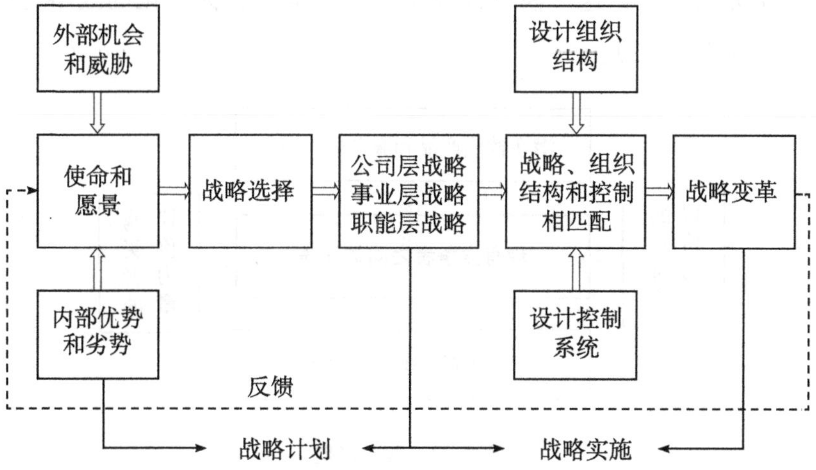

图 4—1 战略管理的过程

1. 明确组织的使命与愿景

这是战略计划的起点。使命与愿景体现了组织的基本定位和发展方向，是指引组织各项活动的航标。

2. 外部环境分析

对组织所面临的当前和未来的外部环境进行分析，就是要准确把握环境的变化和发展趋势及其对组织的影响，充分挖掘组织所能够利用的机会，明确必须回避的威胁。组织的环境在很大程度上决定了管理层的选择，成功的战略必然是与环境相适应的战略。

外部环境分析包括一般环境分析和产业环境分析。一般外部环境或宏观环境，是指给企业带来市场机会或威胁的主要社会因素，对所有企业都会产生影响。一般环境分析简称 PEST 分析，即政治与法律因素（political and legal）、经济因素（economic）、社会文化因素（social and cultural），以及技术因素（technological）分析。

产业环境是对企业经营活动有直接影响的外部环境，主要的分析内容和方法有产业组织分析、市场细分和竞争对手分析。有关产业分析的方法很多，其中，美国战略学者、哈佛商学院教授迈克尔·波特（Micheal Porter）于 1979 年所提出的五力模型是最为著名的分析方法之一，这一模型构成了一个规范化、标准化的战略分析框架（见图 4—2）。

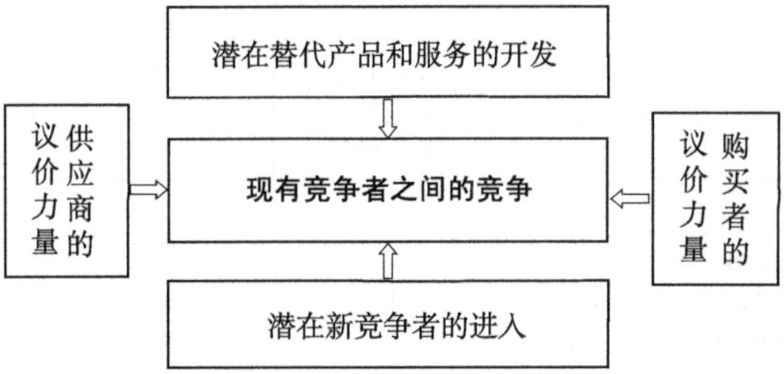

图 4—2　五力模型

波特主张战略的制定要以分析行业引力和企业在该行业中的地位为基础。在行业分析中，波特提出有五种力量左右着企业的战略选择。这五种力量分别是：现有竞争者之间的竞争；来自潜在的新进入者的威胁；使用替代产品和服务的可能性；供应商的议价力量；购买者的议价力量。波特认为："这五种竞争力量的集合力决定一家公司的盈利能力。这五种力量的强弱在不同行业中会有所差别，并且会随着行业的发展发生变化。"

波特的五力模型清晰简明，容易理解，使之得到了极为广泛的传播和接受，几乎成了战略分析的一种标准工具。但有不少批评者认为五力模型存在一些明显的缺陷，如分析时要求收集完全的信息，只看到组织间的竞争关系，把行业规模看成是一种固定的存在等。尤其是 2012 年 11 月，由迈克尔·波特于 1983 年创立的管理咨询公司摩立特集团（Monitor Group）的破产倒闭更是为批评者提供了口实。

3. 内部环境分析

内部环境分析主要是分析组织的资源和能力。识别并建立组织为成功实施其战略所需的核心能力，是组织的最高管理层的首要任务之一。

核心能力是使一个组织与其竞争者相区别的一整套知识、技能、组织的惯行与业务过程。组织的核心能力是顾客价值的源泉，正是这些能力提供了对顾客而言非常重要的那些产品和服务的特性。核心能力为新产品与服务的开发提供了基础，是决定组织长期竞争力的主要因素。

那些成功的企业都有着自己独特的核心能力。例如，索尼的核心能力被公认为在小型化方面的专长，这一能力体现在其在随身听、便携摄像机等领域所取得的巨大成功。波音的优势在于其整合大型复杂系统的能力，这些能力在商用喷气式客机、空间站、轰炸机以及导弹制造方面体现得淋漓尽致。本田擅长发动机及传动系统。联想集团则认为其核心能力是在硬件方面进行大规模制造和营销的能力。

核心能力体现在组织为顾客提供的产品和服务的关键价值上。

例如，索尼在小型化方面的专长直接转化成一些重要的产品特性，如可携带性及美学设计等。

核心能力常被用作进入多种市场的手段。例如，佳能利用其在光学、成像及电子控制方面的核心能力进入了复印机、激光打印机、照相机以及扫描仪市场。类似地，本田在发动机和传动系统方面的核心能力构成了其进军其他领域的基础，如汽车、摩托车、割草机、发电机等。

核心能力具备以下几方面的特征：

- 优胜的；
- 不可迁移的；
- 不可替代的；
- 不可模仿的；
- 持续的。

正是由于具备了这些特征，核心能力才能为组织提供持久的竞争优势。

此外，波特提出的价值链模型也是一种重要的分析方法，如图 4—3 所示。

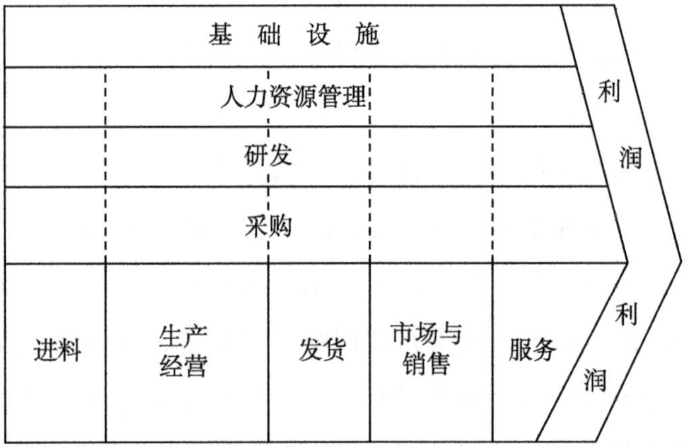

图 4—3 价值链模型

根据这个模型，企业内外价值增加的活动可以分为基本活动和支持性活动，基本活动涉及企业生产经营、销售、进料、发货、售后服务。支持性活动涉及人事、财务、计划、研发、采购等，基本活动和支持性活动构成了企业的价值链。

要注意的是，在这个价值链中，只有某些特定的价值活动才真正创造价值。这些真正创造价值的活动，就是价值链上的战略环节。企业在价值链某些特定的战略环节上的优势就是企业要保持的竞争优势。企业要特别关注和培养在价值链的关键环节上重要的核心竞争力，以形成自己的竞争优势。

4. SWOT 分析

外部环境和内部环境分析的综合便是 SWOT 分析。

SWOT 分析是对企业内外部环境条件进行综合和概括，进而分析组织的优势（strength）、劣势（weakness）、机会（opportunity）和威胁（threat）的一种方法。通过 SWOT 分析，可以帮助企业更加明确自己的战略，把资源和行动聚焦于自己的强项和机会最多的地方。

优劣势分析主要着眼于企业自身的实力及其与竞争对手的比较，而机会和威胁分析将注意力放在外部环境的变化及其对企业的可能影响上。在进行 SWOT 分析时，应把所有的内部因素（即优劣势）集中在一起，然后用外部的力量来对这些因素进行评估。图 4—4 是克莱斯勒公司的一个 SWOT 分析的示例。

SWOT 分析法的特点是直观、简单，便于理解和应用。但这种直观和简单也使其具有一定的局限性，如偏重于某一个时点的静态信息和定性的资料，具有一定程度的主观性和模糊性。

5. 战略的选择或制定

在战略目标已经设定、内外部环境分析已经完成的基础上，从发挥优势、克服劣势、利用机会、避开威胁这一原则出发，提出各种可能的备选战略方案，并经过进一步的分析、评价和比较，确定最有利于实现组织目标的战略方案。

内部能力 外界因素	优势——S 1.1985—1987年产品质量提高35% 2.劳动成本比福特、通用更低 3.Gulfstr航空发动机处于领先地位 4.盈亏平衡点从240万辆降至150万辆 5.微面市场占有率达50%	劣势——W 1.兼并AMC使负债率达60% 2.固定资产占42% 3.合资企业比福特、通用更少 4.生产厂只限于美国、加拿大、墨西哥
机会——O 1.美元贬值 2.航空/航天业年增长20% 3.公司收入年增长5% 4.银行利率下降 5.通用新车计划遇到问题	SO战略 1.兼并一个航空企业（S3，O2） 2.增加微面出口50%（S1，S5, O1）	WO战略 1.建立航空/航天合资企业(W3，O2) 2.在西欧建生产厂(W4，O2)
威胁——T 1.进口汽车增加 2.石油涨价 3.福特新建了先进生产线	ST战略 1.增加50%的广告投入(S1，S5, T1, T3)	WT战略

图 4—4　克莱斯勒公司的一个 SWOT 分析的示例

根据组织战略活动重点的不同，通常可以将组织中的战略划分为三个层次，即组织整体层次的战略、事业层战略和职能层战略。除此之外，近年来有关企业与企业间关系的战略也日益受到关注，这便是供应链层次的战略。战略的层次如图 4—5 所示。

组织整体层次的战略

组织整体层次的战略也称公司层战略，是对组织整体的行动路线和发展方向的规划。这个层次的战略主要回答诸如组织是继续扩张还是维持或收缩，是集中于单一市场还是进行多元化经营之类的重大全局性问题。

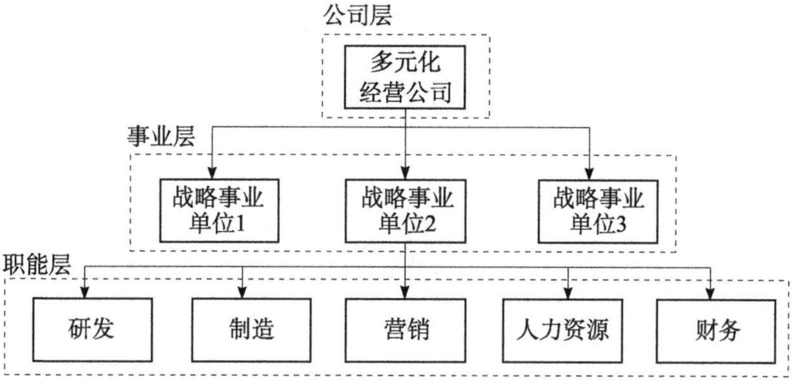

图 4—5 战略的层次

在分析公司层战略方面，有一个常用的工具，称为事业集合矩阵（business portfolio matrix），也称 BCG 矩阵，是由美国波士顿咨询集团（BCG）在 1970 年前后为通用电气公司开发的一种战略分析工具。

应用事业集合矩阵时，首先要把组织划分为多个战略性事业单位（strategic business unit，SBU）。通常，每个战略性事业单位就是一个单独的事业部。每个战略性事业单位都有自己的使命、竞争对手和竞争战略。这一概念是由通用电气公司为了分析其庞大而又多样化的组织而最早提出的。

在明确了组织的战略性事业单位之后，下一步就是利用事业集合矩阵，根据行业增长率和相对市场份额这两个指标对之进行归类分析，如图 4—6 所示。

图 4—6 中，左上角的吉星是在高增长率的市场上占有相对较大份额的战略性事业单位。通常为了支持其快速增长，吉星单位一般需要大量的资金支援，这种支援实际上是在为潜在的未来实力而投资。随着市场的成熟，许多吉星也成长为组织的现金牛。

现金牛是在低增长率的市场上占有高份额的战略性事业单位。它几乎不需要资金用于进一步的增长和扩张，因此而产出可投资于其他领域的盈余（如投资于吉星）。

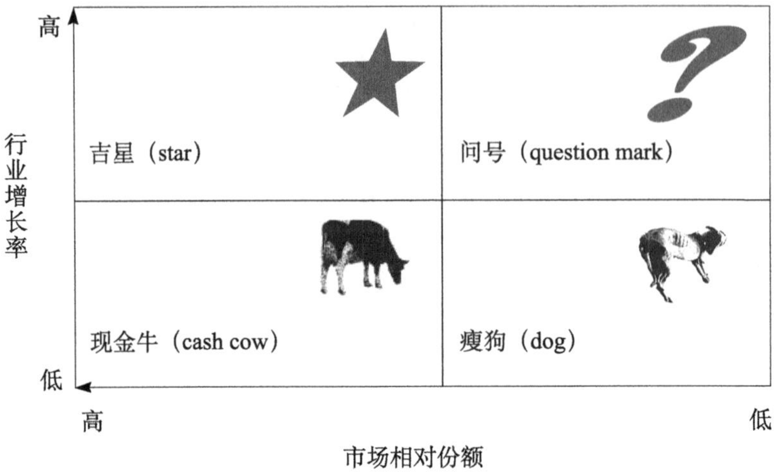

图 4—6 BCG 矩阵

问号是在高增长率的市场上占有相对较低份额的战略性事业单位。管理层必须决定是继续注入资金以使之向吉星转化，还是果断加以放弃。

瘦狗是在低增长率的市场上占有小份额的战略性事业单位。瘦狗一般难以维持，常常成为其他单位的包袱。

一般而言，应用事业集合矩阵的大多数组织都希望能在其事业集合体中保有现金牛以及吉星，因为现金牛是现在的创利源泉，而吉星则有可能成为将来的现金牛。问号具有一定的潜力，人们也愿意适当保有。对于瘦狗则一般采取卖掉或清理的做法。

BCG 矩阵在 20 世纪 70 年代颇为流行，但也有人指责其过于简单。此外，BCG 矩阵仅用增长率来衡量一个行业的吸引力，以及仅用市场份额来判断竞争位置，这种做法是否充分也还存在疑问。为了弥补这些缺点，通用电气公司在事业集合矩阵的基础上进行了改良，提出了一个称为“事业视屏”（business screen）的新矩阵，通常也被称为 GE 矩阵（见图 4—7）。

GE 矩阵的一个坐标轴是产业吸引力，取决于诸如行业增长率、边际利润、技术等因素；另一个坐标轴是竞争力，用市场份额、竞

产业吸引力 \ 竞争力	高	中	低
高	尽量扩大投资谋求主导地位	市场细分以追求主导地位	专门化，采取并购策略
中	选择细分市场大力投入	选择细分市场专门化	专门化，谋求小块市场份额
低	维持地位	减少投资	集中竞争对手盈利业务或放弃

图 4—7　GE 矩阵

争优势及劣势、管理绩效以及其他一些因素来衡量。产业吸引力及竞争力分别区分为高、中、低三个档次，这样矩阵就被分割为九个区域，而不是像在 BCG 矩阵中那样只有四个区域。

根据某一事业在 GE 矩阵中的位置，可以对其经营状况进行判断。两个指标都取高值或一高一中的单位可视为“优秀”；两个指标都取低值或一中一低的单位应视为“差”，属于放弃或清理的对象；两个指标都取中值或一高一低的单位属于临界状态，可能被放弃，也可能被保留，但必须予以严密的监控。GE 矩阵在管理企业总体战略方面的优点已初步得到肯定。包括通用电气、AT&T 在内的美国的一些大企业，都采用了这种方法来管理它们的总体战略。

事业层战略

事业层战略着重回答在一个特定的事业领域中，或者说在一个选定的市场中如何同对手竞争这样的问题。企业的总体战略确立之后，还必须为每一个战略事业单位制定事业战略，确定在一个给定的市场中如何才能有效地进行竞争。当然，即使那些并未进行多元化而只是在某一特定市场中经营的企业，也必须开发其相应的竞争战略。波特提出了三种典型的竞争战略，这便是成本领先战略、差异化战略和集中化战略。

总成本领先战略。这种战略的主导思想是以低成本取得行业中的领先地位。按照这一基本方针，要求建立起大规模的高效生产设施，利用经验曲线全力以赴降低成本，尽量压缩各项管理费用。尽管质量、服务以及其他方面不容忽视，但贯穿整个战略的是单位产品成本低于竞争对手。

成本领先的优势有利于建立起行业壁垒，有利于企业采取灵活的定价策略，将竞争对手排挤出市场。为了成功地实施总成本领先战略，所选择的市场必须对某类产品有稳定、持久和大量的需求，产品的设计要便于制造和生产，要广泛地推行标准化、通用化和系列化。

前文所讨论的比亚迪公司和美国西南航空公司采取的均是成本领先战略。

此外，这方面还有一个最典型的例子是美国的麦当劳快餐连锁店。麦当劳把快餐业的夫妻店式的旧经营方式，改造成大批量、标准化的大规模工厂化生产，使每块肉、每片洋葱、每个圆面包和每根炸薯条看起来都一模一样，并且在精确的加工时间内从全自动化的流程中生产出来。同时，为适应大规模生产的要求，在产品质量、服务速度、清洁卫生、服务态度等方面建立了严格的标准，从而树立了极高的信誉，确保了市场需求的持续稳定增长。

我国的格兰仕公司也是成功实施成本领先战略的典范。格兰仕从 1991 年转型生产微波炉以来，始终贯彻成本领先战略，不断扩大规模、降低成本，最终坐上了全球微波炉市场的头把交椅。

差异化战略。差异化战略就是使企业在行业中别具一格，具有独特性，并且利用有意识形成的差异化建立起差别竞争优势，以形成对“入侵者”的行业壁垒，并利用差异化带来的较高的边际利润补偿因追求差异化而增加的成本。实现差异化战略可以有多种方式，例如树立品牌形象，设计产品技术特点和性能特点，在顾客服务上别具一格，等等。

海尔集团是成功实施差异化战略的典范。海尔在不同的发展阶段中，分别围绕质量、服务、个性化与速度等方面实施差异化战略，取得了竞争优势，成为中国企业的翘楚。

集中化战略。这种战略是主攻某个特殊的细分市场或某一种特殊的产品。这一战略依据的前提是：企业业务的集中化能够以更高的效率、更好的效果为某一狭窄的战略对象服务，从而在某一方面或某一点上超过那些有较宽业务范围的竞争对手。

全球最大的连锁便利超市 7-Eleven 的成功很大程度上得益于其集中化战略。7-Eleven 通过清晰定位便利店目标客户人群，进而在产品开发、物流配送支持，以及门店销售和服务的全价值链上集中精力，形成强大优势，避开了与传统超市和大卖场的直接竞争。通过跨国发展及全球化运营快速扩张，成功地在发达国家及高增长发展中国家和地区抢占了先机，目前 7-Eleven 在日本、美国、泰国、中国等 20 多个国家及地区拥有 50 000 多家店铺。

波特指出，企业应根据自己的情况，主要采取某一种类型的战略，并全力以赴，而不应当徘徊其间，丧失特色。

职能层战略

职能层战略是对组织各个主要的职能活动领域所做的规划和部署，如生产制造战略、研发战略、人力资源管理战略、财务战略，等等。

将选定的战略付诸实施。再好的战略如果不能够实施也是一纸空谈。实施战略意味着要设计与战略相适应的组织结构，匹配符合战略要求的人力资源，设计相应的控制系统，以确保战略的实施位于正确的轨道上。

战略的调整与变革。当然，当内外部环境条件发生改变时，或者当所选择的战略不能满足组织的要求时，要对战略进行及时的调整与变革。

例如，联想集团从 2000 年前后开始了其多元化的征程，在这一战略指导下，联想进入了互联网、移动通信、信息服务甚至房地产等多个领域，但这一战略经过几年的实施可以说是惨遭败绩。2003 年底联想集团对其战略进行了大调整，决定专注于核心 PC 业务，引入直销以及走国际化道路。在这一战略的指导下，此后几年联想一路披荆斩棘，终于于 2008 年首次跻身“世界 500 强”的行列。

但是，由于世界经济危机的影响，2009 年 2 月 5 日，联想发布了 2009 财年的业绩，全年净亏 2.26 亿美元。为了摆脱危机，联想再次调整，提出“双拳战略”，即：在成熟市场保住目前的市场份额；在新兴市场主动出击，扩大自己的市场份额，提高产品毛利润率。联想将全球四大区的事业部整合为成熟市场集团（包括北美、欧洲发达国家和日本）和新兴市场集团（包括中国等其他市场）两大前端市场集团。将产品集团整合为消费类产品集团（主要为 Idea 系列产品）和商务类产品集团（主要为 Think 系列产品）两大后端市场集团。这一系列的措施成功地将企业拖出泥潭。联想在 2010 财年盈利 1.29 亿美元，实现了扭亏为盈。

5

我当如何工作?

——职位设计

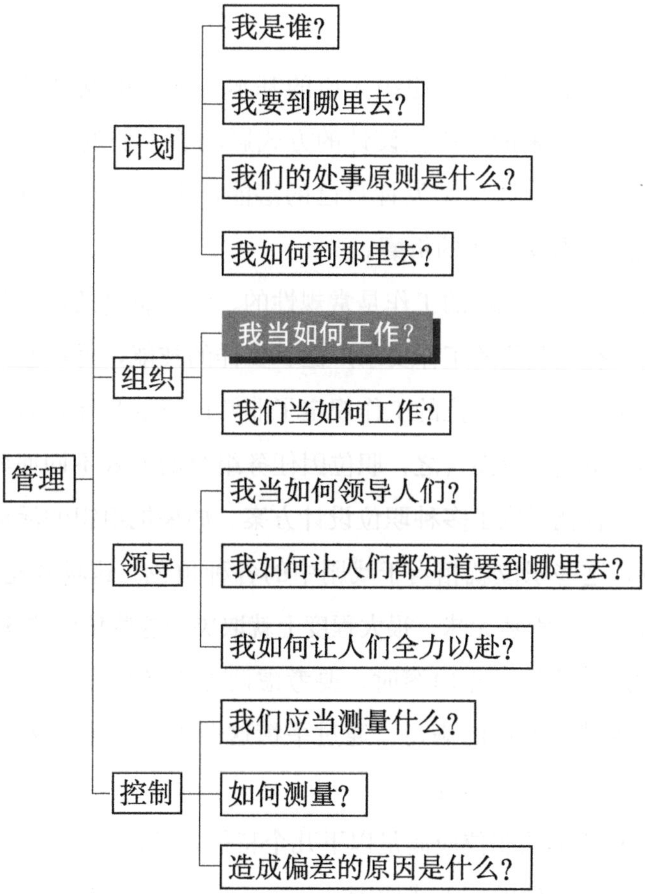

通过计划活动，我们确立了组织的使命、愿景、价值观和战略，意味着我们明确了要到哪里去以及如何去这些根本性的问题。要让理想化为现实，还必须通过分工和协作去实施我们的计划，去脚踏实地地追求我们的愿景，这便涉及管理的组织职能。

分工与协作是管理的组织职能的两大主题。个人的能力有限，力量单薄，为了达到某种目的就必须进行协作。为此，必须清楚各自所扮演的角色，必须明确每个人所起的作用，这又意味着要进行有效的分工。人类正是通过这种分工和协作来完成集体活动的共同目的或目标的。具体而言，分工是关于组织中的职位设计问题，对应着本章所讨论的“我当如何工作?”这一问题，而协作则涉及组织的结构和流程的设计，与之对应的是下一章讨论的“我们当如何工作?”这一问题。

组织中的职位构成了组织大厦的基本构件，也就是说，组织结构是用职位垒起来的。职位设计的方式影响着人们的工作效率，影响着人们能否最大限度地发挥自己的潜能，也影响着人们是享受工作的乐趣还是忍受工作的折磨。

现实中，有些职位的工作是常规性的、经常重复的，有些则是非常规性的。有些职位的工作要求广泛、多样的技能，另一些只要求范围狭窄的技能。有些职位的工作规定了非常严格的程序，另一些则具有相当的自由度。总而言之，职位因任务组合的方式不同而各异，这些不同的组合就形成了多种职位设计方案。如果把组织的活动看成是一场戏剧，这些职位就相当于戏剧中的各种角色。这场戏是喜是悲，是起伏跌宕还是索然无味，很大程度上就取决于这些角色的安排。

在确定职位的工作内容时，要考虑两方面的因素，首先是工作的效率，再就是人员的满足。通过平衡这两方面因素的要求，来确定职位合理的广度与深度。

一个有意义的职位应满足以下几个特征，即：

（1）具有明确的任务或职责；

（2）具有明确的、可验证的目标；

（3）具有明确的职权，以使占据该职位的人员有可能去实现其目标。

一、专业化分工与职位设计

工业革命以来的200多年中，大部分时间都是按照专业化分工的原则来设计职位的。职位设计的意义与劳动分工、工作专业化相同，组织中的工作被设计得尽可能简单、单纯、易做。人们认为，专业化分工程度越高，工作效率也就越高。在这种观点的驱动下，现代社会已成为一个高度专业化分工的社会。图5—1反映了早期人们对于专业化分工和效率之间的这种关系的认识。

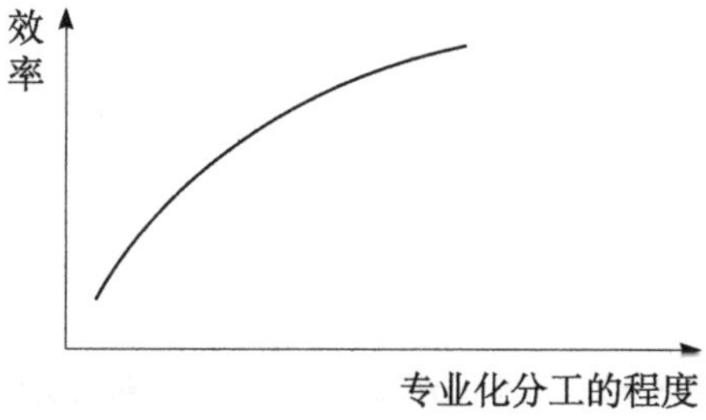

图5—1　专业化分工与效率——早期的认识

亚当·斯密曾这样描述一家别针制造厂的劳动分工情形：

> 一个人抽钢丝，另一人拉直，第三个切割，第四个削尖，第五人打磨顶部以便接上头部；而头部的制作又需要两三项单独的作业；接上头部又是另一项作业。如此将别针的制造划分为各种独特的、专业化的操作，分别由专门的人员来承担，使得劳动生产率比传统的方式（即一个人从头到尾负责制作整根别针）提高了200多倍。

专业化分工为什么能够提高效率呢？其理由包括：有利于提高人员的工作熟练程度，有利于减少因工作变换而损失的时间，有利于使用专用设备，减少人员培训的要求，扩大了劳动者的来源以及降低了劳动成本等。

时至今日，大量的工作仍然按照专业化分工的原则在推进。生产工人在流水线上从事简单、重复的工作，办公室职员坐在计算机前应对范围狭窄的、标准化的任务，甚至护士、会计及许多其他的职业性工作都是按照同样的原则组织起来的。

但是，人们后来发现，我们原先对专业化分工与效率间关系的认识有点局限、片面，只看到了曲线的前半截，却没看到后边还拖着个尾巴（如图 5—2 所示）。这意味着，当分工程度超过某个点之后，曲线会往下走，这意味着效率不升反降。

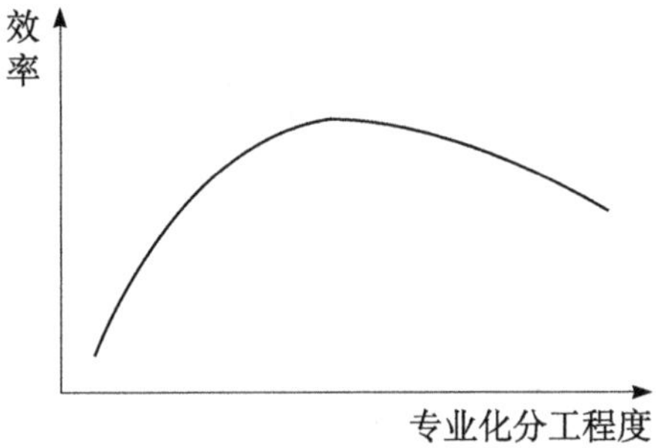

图 5—2　专业化分工与效率——后期的认识

其原因在于，工作分得过细之后，随之而来的枯燥、单调、乏味令人烦躁，对人们造成了生理、心理上的伤害，导致了人们的厌烦和不满。另外，工作分得过细之后，要把它协调起来，协调的成本超过了分工带来的好处。

在这种过度的专业化分工的情况下，工作对人来讲成了一种必要的恶，成为不得已而为之的事情。喜剧大师卓别林在经典影片《摩登时代》中对此有着绝妙的演绎。卓别林扮演生产线上一个拧螺丝的工人，日复一日、年复一年，成千上万次的重复，使得这个工人直到下班回家后拧螺丝的动作都停不下来。

因此，在职位设计方面，早期人们基本上致力于通过提高专业化和分工的程度来取得规模经济和高效率，后期的努力则转向了如何克服由于过度的专业化和分工而产生的各种弊端。这方面的具体做法包括职位扩大化、职位轮换和职位丰富化等。

职位扩大化是为了克服分工过细、工作过于狭窄的弊端而提出的一种职位设计思想。它主张将若干狭窄的活动进行合并，由此来扩大工作的广度和范围。以装配收音机为例，原先每个人只负责一两项简单的操作，如将某个电容器插在焊孔上，现在改由每个员工装配一个部件甚至整台收音机。这样在一定程度上拓宽了职位的内容，降低了工作的单调程度。

职位轮换是让员工定期从一项工作更换到另一项工作上去。如仓库的工人，可以在卸货、出货、记录、盘点等多个职位上定期轮换。这样有利于促进员工技能的多样化，一定程度上减少了工作带来的单调和枯燥感觉。

职位丰富化是指从纵向上充实和丰富工作内容，从增加员工对工作的自主性和责任心的角度，使其体验工作的内在意义、挑战性和成就感。通常情况下是由管理人员来决定工作的内容和工作的方法，一般人员只需俯首听命即可。职位丰富化设计，就是要将部分管理权限授予下级人员，使其在一定程度上自主决定工作的内容、方法、进度等。

二、职位特征模型与激励潜力分数

有一个被称为职位特征模型的理论对于我们设计职位颇有指导意义。根据这一模型，可以用一个被称为激励潜力分数（MPS）的指标来衡量一个职位对人们的激励程度：

$$\text{MPS}=\left[\left(\frac{\text{技能}}{\text{多样性}}+\frac{\text{任务}}{\text{完整性}}+\frac{\text{任务}}{\text{重要性}}\right)\div 3\right]\times\text{自主性}\times\text{反馈}$$

MPS 分别对应着三个英文词，M 是激励，P 是潜力，S 是分数。这相当于我们构造了一个尺子，或者一个仪表，可以用来衡量各种职位。拿 MPS 这个指标去衡量，如果得分比较高，我们就认为这是一个好职位，这意味着该职位本身对人们具有较高的激励程度，工作让人们感到快乐，感到乐趣，人们愿意爱岗敬业，人们在工作本身中更容易得到成长和发展。如果得分比较低，则意味着这项工作相对更枯燥、无味、单调。MPS 得分的大小取决于公式中的五项因素。

总的来说，技能的多样性、任务的完整性和任务的重要性这三项决定了工作的意义。一个职位如果具有这三个特征，则可以预期职位的承担者会将其工作视为重要的有价值的，而拥有自主性的职位会给承担者带来对于工作结果的责任感，反馈则能够使其了解自己的工作绩效。MPS 得分较高的职位将对人们的动机、绩效和满意感产生积极的影响。

这个理论对于我们的启发在于，当把上述这些要素融入工作的设计中时，哪怕看不到那些外在的、有形的管理，工作本身就足以驱动人们去爱岗敬业，把事情做好。

根据职位特征模型，组织可以采取以下五个方面的策略以实现 MPS 的提高：

（1）形成自然的工作单位，使工作具有完整性；

（2）归并任务，将现有的过细分割的任务组合起来，形成一个新的内容丰富的职位，从而提高技能的多样性和任务的完整性；

（3）建立客户联系，这有助于增加技能多样性、自主性和绩效反馈；

（4）纵向扩展职位，缩小计划、实施和控制之间的距离，增大员工的自主性；

（5）开通反馈渠道，这有助于让员工了解其工作做得如何，有无改善。

著名的沃尔沃公司在 20 世纪 80 年代面临着员工流失率过高的挑战。当时，他们面对一个契机，就是要上一个新的总装厂。汽车总装厂在全世界都一样，都是典型的流水线方式。但是，沃尔沃在建设这个新厂的时候，废除了传统的流水线方式，采取了一种前所未有的做法，搞了很多大圆盘，给它起名字叫做 work station，意即“工作站”。每个大圆盘由一个自主管理的小团队负责，七八个人，从头到尾完成装配汽车的任务。通过采取这种方式，员工的流失率居然降低了。可以看出，这种新的工作方式与传统的流水线方式相比，其 MPS 大大提高了。

需要指出的是，上述的职位特征模型有其适用范围。在人的整个心理需求层次中，挑战性、成就感、责任感、对工作意义的追求等属于较高层次的需求，所以当面对一个需求层次相对较低的群体时，就不太适宜以这个模型作指导。也就是说：上述结论受到个人成长需求强度，亦即对自尊和自我实现的需求强度的中和与调整。具有高度成长需求的员工，面对 MPS 得分较高的职位，比那些只有低度成长需求的员工有更高程度的心理体验。

这个职位特征模型跟孔子的观点有暗合之处。《论语》中有这么两句话，叫做“知之者不如好之者，好之者不如乐之者”。也就是说，把工作做好的最高境界，是人们乐在其中的境界。这个道理孔子说得比较抽象，而我们的管理理论则把它变得更具体，更具有可操作性。

三、案例赏析：奥迪康公司

丹麦奥迪康公司的职位和结构设计方面的独特做法对我们颇有启迪。

奥迪康公司是创立于 1904 年的一家丹麦的高级助听器制造商，20 世纪 70 年代末以前的相当长时间在世界市场上高居榜首。该公司一向采取的是高度职能化的组织结构，奉行高价位、高质量的市场战略。进入 80 年代后，随着新一代助听器产品的问世，奥迪康的市场份额急剧跌落，1987 年，奥迪康的市场份额从 15%跌至 7%，陷入了岌岌可危的境地。

在这种情况下，拉斯·柯林临危受命，担任了奥迪康的新任首席执行官。他上任后迅速采取了削减成本的措施，削减了管理费用，砍掉了不盈利的产品线，裁掉了 10%～15%的员工。这些举措取得了成效，公司恢复了盈利，财务状况出现了好转。但是，公司并没有发生实质性的改变，长期竞争地位并未得到显著改善。

拉斯·柯林对奥迪康的市场定位进行了重新的思考，提出“奥迪康要努力成为世界上最优秀的听力诊所和助听器零售商的首选伙伴”。拉斯·柯林坚信，获得持久竞争优势的最佳策略便是创造一种能够充分释放个人能力的工作环境。1990 年元旦，柯林在一份备忘录中描述了他所梦想的能够在未来实现持久竞争优势的组织，这是一个充满创造力、创新精神和灵活性的组织。拉斯·柯林还亲自拟就了奥迪康公司所崇尚的价值观，其核心便是“以人为本”。

奥迪康的价值观宣言

(1) 只要赋予其责任，所有人都会愿意负责。

(2) 我们所信任之人也必当回报我们以信任。

(3) 成长和进步是为人的天性。人们愿意接受挑战，他们或许会害怕改变，但不会喜欢总是保持原状。

(4) 人们希望清楚他们的工作环境的构造和总的目标，但也喜欢可以自由地去完成这些目标。人们希望能够影响自己的日常工作条件。

(5) 人们希望公正而又公平地获得与自己的业绩和成果相称的报酬。

(6) 不管是在坦途还是在逆境，人们都愿意成为自己公司的伙伴。

(7) 提升个人能力是获取职业保障的最佳途径，这样竞争对手也会渴望得到你的服务。

(8) 个别地看待每一个人并协助他的成长。

(9) 人们乐意知道自己的工作与公司的战略和目标的关系，并希望全面了解公司的现状和前景。

为了构造这种新型组织模式，拉斯·柯林要求所有奥迪康员工思考“不可想象之事”。他坚信，如果期望人们同时在若干项目上与他人共同工作，那么每个人就必须能够自由地移动。墙壁是阻碍人们共同工作的障碍，必须被拆掉。拉斯·柯林要求每一位员工审视自己的职位。每位员工应能从事若干项任务，有些是最擅长的，有些是有利于学习新技能的。利用1991年公司搬迁的时机，奥迪康实现了剧烈的变革，形成了“面条式组织”。

在新组织中，奥迪康废止了以往的职位说明和正式岗位。为了让人们在几种不同的职位上施展才干，所有员工将拥有一个职位的组合，都是多面手。每位员工至少要有三个职位，一个主要职位符合专业或能够充分发挥自己的特别能力，同时还要承担其他领域的两个职位。这一理念使组织的资源得到了扩展，工程师在做市场营销，营销人员对开发项目进行管理，财务人员则帮助实施产品开发。如此形成的组织没有等级、没有层次、没有固定的部门，因而得名为“面条式组织”。新组织也可以称之为“混沌”式组织，没有等级概念，混沌、多变，没有组织结构图。

奥迪康不仅废除了组织结构图，而且拆除了围墙，员工不再拥有传统的办公室。公司要构造一种绝对透明的工作环境。每人有一张办公桌和一台电脑，但办公桌在5分钟之内就可以被移走。项目团队在空间上集中在一起，决策可以即刻进行而无须召集会议。营销人员很清楚隔壁在做什么广告。公司有意识地在工作地设置了咖啡吧台，以激发人们展开讨论。用螺旋扶梯取代了电梯，因为这有利于人们相遇和交谈。他们还建立了一个支持非正式沟通的电子信息技术系统，以实现灵活性和知识共享这两个目标。在这样一种制度下，人们的互动方式与过去相比有了显著的区别，公司中的每一个人都是潜在的合作者，人们技能水平上的差异正在逐步消失。

在面条式组织中，团队成员在项目之间不停地奔忙，他们几乎总是同时在参与两个或更多的项目。公司有一套计算机程序对人员承担任务的情况进行实时监控，项目负责人可以很快浏览名单并找到可用的人员。很容易了解每个人在项目中的表现，如谁做了很多承诺却从不兑现，谁对团队的成功做了实质性的且关键的贡献。这种信息会对某个人的未来需求产生影响。对项目负责人也有类似的绩效“考评”，好的声誉能够吸引来有才能的团队成员。

在面条式组织中，产品的开发和制造发生了巨大的改变。奥迪康在产品开发中与竞争对手结成了战略联盟，大大淡化了组织所具有的有形边界。公司的活力达到了空前的水平。项目成为资源流动和确定方向的驱动力。过去是运用权力来推动事情的进展，现在则是通过谈判。过去，人们的重要性取决于职位，现在则取决于贡献。

奥迪康变革的效果是显著的。采用新结构后，奥迪康的利润水平在两年内增长到了4倍。在市场平稳的情况下，营业额比上年增长了13%，1993年的增长则高达23%。2003年，奥迪康公司从6 200多家备选公司中脱颖而出，荣膺“欧洲最佳公司”的殊荣，这意味着，奥迪康与诺基亚、BMW、SAP、GUCCI等公司一样，跻身世界顶尖公司的行列。奥迪康公司这种以创新、变革和以人为本为主要特征的企业文化为其此后十多年的持续发展奠定了坚实的基础。

应用前述的职位特征模型和MPS公式来分析奥迪康的做法，可以看出奥迪康公司新的组织模式的MPS得分会有显著的提高，这意味着人们从事工作的内在动机的提高。

读者可以尝试应用MPS公式来分析一下富士康公司的管理，并思考一下自己得到了哪些启示。

6

我们当如何工作?

——结构与过程

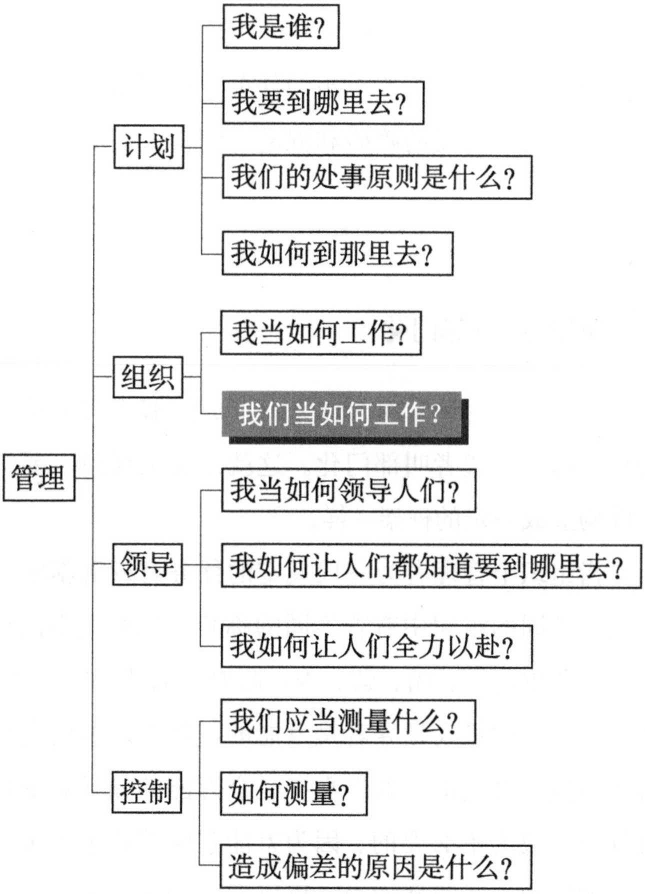

这一章讨论的是有关组织中的结构和过程（流程）方面的问题。

金刚石和石墨是人们熟悉的两种物质。前者坚硬无比，后者则十分松软。这两种物质之间有亲戚关系，它们都是由碳元素构成的。同种元素构成的两种物质为什么在性质上会有如此大的差异？这种现象实际上反映出了一个普遍性的规律：无论是自然界还是社会领域，事物的结构在很大程度上决定了其功能。

有效的分工与协作是在一定的组织结构的基础上进行的。组织结构就是我们划分、组合和协调人们的活动和任务的一种正式的框架。组织结构体现了组织各部分的排列顺序、空间位置、聚集状态、联系方式和相互关系。组织结构就像人体的骨架，由206块骨头组成的骨架在人体中起着支撑、保护的作用，只有在这一骨架中，消化、呼吸、循环等系统才能发挥正常的生理功能。一个设计合理的组织结构有助于明确每个人所承担的任务及应当取得的成果，排除了由于分工不明确所造成的障碍和混乱，使得人们的努力形成了指向共同目标的合力。

一、管理宽度与部门化

将职位按照一定的逻辑组合起来，形成能够管理的单位或者部门，称为划分部门，或者叫部门化。这就像盖大楼时，要把各种各样的预制件构造成一定的框架一样。

部门是指组织中管理者为完成规定的任务有权管辖的一个特定的领域，它在不同的组织中有着不同的称呼，如企业中的分厂、车间、工段，军队中的师、团、营、连，政府中的部、局、处、科等。

如果一个机构的最高领导者是万能的，是否还需要借助部门来管理？答案显然是否定的，如果真有一个万能的领导者的话，组织中的各种部门将成为不必要的。因为万能意味着这个人可以洞察一切，有无穷的精力、时间和能力，可以同时和无数的人打交道，可以监督所有的事情，等等。但是，或许除了上帝，没有人能够万能。

现实世界中的管理者能够有效地直接指挥的人数是有限的。这一人数的限度叫做管理宽度，也称管理跨度、管理幅度、控制幅度、控制跨度。正是由于管理宽度的存在，组织的规模达到一定程度以后，就产生了部门划分的必要性。当管理者的工作量超出一个人的能力限度时，他就只好委托他人来分担一部分管理工作，从而就多出了一个管理层次。随着组织规模的进一步扩大，受委托的那个人也忙不过来了，他又不得不再次委托他人去管理，于是又多出一个层次，现实中的组织结构便形成了这种等级制或层次性的管理结构。各种各样的机构基本上都表现为这种等级制或层次性的结构。可以认为，层次在一定意义上是不得已而形成的产物。如果不是由于管理宽度的限制，组织中不需要这么多层次。

组织的这种层次性结构具有一定的迷惑性。在这些中间层次的岗位上，人们有着这样那样的头衔，越往高处，人们的自我感觉就会越好。但是，对于组织而言，层次本身具有以下三方面的副作用：

(1) 层次越多，费用越高。中间管理层的存在并不能够增加组织所创造价值的总量，它起到的作用是协调价值的实现。所以，中间管理层的岗位越多，意味着费用越高。

(2) 层次越多，沟通的难度和复杂性就越大。层次是信息的过滤器，信息每经过一个层次，就会被过滤掉一些、被歪曲一些，这是不以人的意志为转移的。

偶尔我们在电视上可以看到这样的娱乐节目，5 个人排成一排，两两传话。一句话由第一个人告诉第二个人，第二个人再告诉第三个人，当这句话传到第五个人的时候，就完全走样了。其原因就在于，层次会过滤和歪曲信息。

(3) 层次越多，计划和控制就越复杂。组织的远大追求要加以落实，就要从上至下层层分解。分解的次数越多越容易走样。同样，下面出现了偏差，要反馈到上面再加以纠正，也是一个漫长的过程。

综上所述，在可能的情况下，组织的层次越少越好。也正因为如此，出现了组织结构扁平化的趋势。

管理的宽度和层次之间存在一定的关系。在组织规模一定的情况下，层次和宽度呈负相关关系。宽度越大，层次越少；宽度越小，层次越多。所以，组织要实现扁平化，减少层次，就意味着要拓宽管理宽度。

在规模相同的情况下，可能出现这样两种组织形态，一类是高耸型，一类是扁平型。这两类组织形态各有特点。高耸型偏重于内部的控制和效率，但整体上比较僵硬；扁平型的结构则比较灵活，环境适应性好，成员的参与程度较高。

相对而言，传统组织中高耸型结构比较多，现代企业中则越来越多地呈现出结构扁平化的趋势。在当今竞争、多变的环境下，快速、灵活、改进和创新对于组织的成功越来越重要，而扁平化的结构更容易获取这些特征。因此，扁平化是全球范围内组织结构演化的一个大趋势。

有一个有意思的现象值得一提，这就是组织的需要未必与管理者的偏好一致。比如，一家小公司，实际上两个层次就够了，有的总经理却更喜欢层次多一些，或许这样会有一种高高在上的权威感。

那么，最佳的管理宽度是多少呢？答案是：没有普遍适用的、放之四海而皆准的最佳的管理宽度。早期，人们以为可能有这样的东西，一些理论家曾试图去寻求一个广泛适用的最佳管理宽度值。但现在一般认为，这种普遍适用的最佳管理宽度是不存在的。管理者所能有效监督的下属人数在客观上的确有限度，但具体的人数取决于特定条件下各种因素的综合作用。

因此，找出特定情景下影响管理宽度的各种具体因素，考察哪些因素使得管理者在处理上下级相互关系中消耗了过多的时间，哪些措施有利于减少这些时间，将有助于确定这种情况下的适当的管理宽度。这要比追求普遍适用的最佳管理宽度值更有价值，也更有现实意义。

影响管理者管理宽度的因素包括：

1. 上下级双方的素质与能力

能力越强的上级能够有效管理的下级人数自然也会越多。同样，素质高、训练有素的下级不需要过多的监督和指导，与其上级的接触次数和接触时间都比较少，从而可以使其上级的管理宽度更大一些。

2. 计划的完善程度

良好的计划有助于下级明确自己应当做什么，做到什么程度，了解自己与他人之间的关系，从而可以有效地减少上级用于指导的时间，增加管理宽度；反之，计划不完善，则需要上级给予较多的指导，从而会使管辖人数减少。

3. 面临环境变化的激烈程度以及组织本身变化的激烈程度

这一因素极大地影响着组织政策的稳定性与计划的详尽程度，从而也有力地影响着管理者所能有效管理的下属的人数。一般来说，变化相对较小、较慢的场合，其管理宽度要大一些；反之，则要小一些。

4. 授权的情况

在很多情况下，不适当和不清晰的授权是导致管理者在处理上下级关系方面所用时间过多的一个主要原因。适当而充分的授权可以减少管理者与下属之间的接触，节省管理者的时间和精力，锻炼下属的能力，提高下属的积极性。相应地，所管辖的下属人数也可以多一些。

5. 沟通的手段和方法

组织采用的沟通手段或方法的有效性在很大程度上影响着管理宽度。如果所有的指示、计划和命令都必须面对面传达，所有的机构变动和人事问题都必须口头交代，管理者用于处理上下级关系方面的时间将是极多的，因而其所能有效指挥和监督的下级人数也将是很有限的。采用适当且高效的沟通方式和手段有助于管理宽度的扩大。

6. 面对问题的种类

主要面临常规性、日常性问题的管理者可以有较大的管理宽度，经常面对复杂多变或方向性、战略性问题的管理者则管理宽度较小。另外，如果所管辖的下属人员的工作比较相似或基本相同，则管理宽度较大；如果下属的工作各不相同，则管理宽度相对较小。

7. 个别接触的必要程度

在许多场合下，管理者必须依靠和其下属的面对面的个别接触才能解决问题。这种场合越多，则管理者的精力和时间的消耗越大，从而能够有效管辖的下属的人数也就越少。

此外，下属人员的空间分散情况、承担责任的意愿以及面对风险的态度等因素，也不同程度地影响着管理宽度的大小。

通过改变上述因素，就有可能拓宽管理宽度。比如，可以通过提高人员的素质、完善计划、改善沟通手段等措施，来拓宽管理宽度，减少组织的层次。一些世界知名的大公司的宽度达到了50～60，因而实现了高度的扁平化。

二、典型的组织结构的形式

现实中，存在各种各样的组织结构的形式，每种组织结构的背后都有其构造的逻辑。例如，常见的职能制结构是根据专业化分工的原则建立的，矩阵制组织则是职能部门化和产品（或项目）部门化原则形成的双重结构。下面我们考察几种最典型的组织结构形式。

1. 直线制

举例来说，某人开一个小饭馆，除他自己之外，还雇了三个人，一个厨师、两个伙计。这就是一个典型的直线制组织结构，老板直接指挥三个员工。直线制中的直线就是直接指挥和命令的意思。

假如这个小饭馆生意很红火，厨师抱怨自己忙不过来，于是老板又雇了两个人给厨师打下手。这种情况下，其组织结构扩大了，但仍然还是直线制组织结构，只是比原先多了一个层次。

直线制组织结构是一种最简单的组织结构形式。在这种结构中，职权或命令的流向呈一条直线，由上至下贯穿组织的纵向（见图6—1）。这种结构的特点是结构简单，职权集中，责任分明，指挥统一，沟通简捷。直线制是最原始的组织结构形式，现实中只应用于最简单的小型组织。

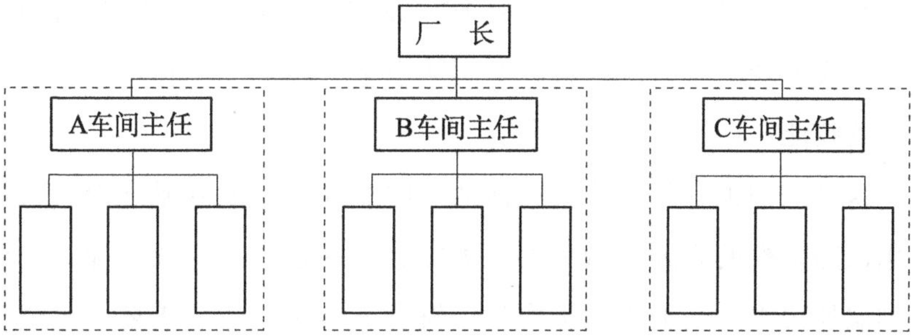

图6—1 直线制组织结构

2. 职能制

仍然以上述饭馆为例。饭馆的生意越做越好，几年工夫发展成了一个300人的大酒楼。与原先的小饭馆相比，各方面的业务都变得复杂起来。一个300人规模的酒楼，每天的采购就是一个巨大的工作量。什么地方的肉新鲜、环保、安全，什么地方的菜便宜，都是有诀窍的。于是，就产生了专业化分工的需要。这意味着必须有一拨人专门负责采购，一拨人专门在后厨加工，一拨人专门在前台做服务，还得有专门的人招聘、算工资、做培训、做推广、拉客户，等等。当规模达到这个程度时，一种可行的方式就是设立各种各样的专门部分，分工负责各方面的业务。这种构造就是职能制组织结构（见图6—2）。

职能制组织结构建立在专业化分工的基础之上，专门的活动放在专门的部门中进行。这种结构是绝大多数中小型机构的标准构造，

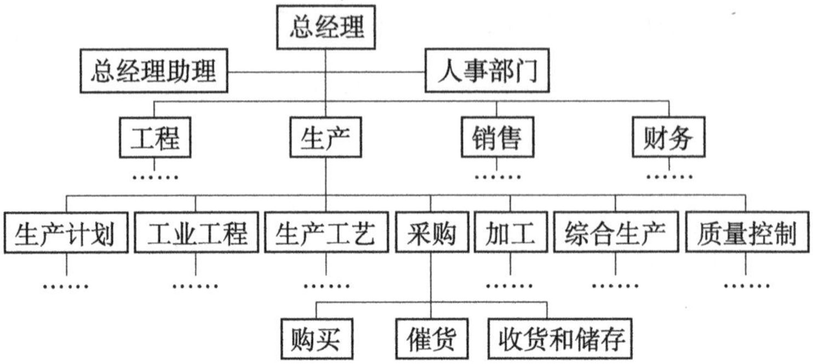

图6—2 职能制组织结构

它具有几方面的好处。首先，同样的活动放在同一个部门中进行，带来了规模经济效益。其次，专门从事某一领域的工作，容易积累专门的技能，培养专门的人才。

这种结构也有其缺陷。这种结构建立在分工的基础之上，人们是用铁路警察的方式来做事的，大家各管一段。我这段做完了，就扔到墙那边去。至于我的工作是否符合下一个环节的需要，对最终顾客有怎样的影响，对于组织的整体绩效有何影响，都不是我要考虑的事情。也就是说，职能制组织结构容易导致人们的本位思维，横向协调较差。对于这种只重本位而不顾横向协调和整体目标的思维方式有一个形象的说法，即“隧道眼”。“隧道眼”是各种组织中的一种常见病、多发病。

我们经常看到这样的现象。公司的研发部门抱怨制造部门，我设计了这么好的产品，你们却制造不出来；制造部门的人又反讥研发部门，你们连生产设备的精度都不清楚，怎么可能设计出好东西；然后又是销售部门指责研发部门，你们就知道闭门造车，一点都不了解顾客的真正需要。这些其实都是“隧道眼”的表现。

组织的产品和服务是通过各个环节的协作来完成的。各个部门之间相互依赖，任何一个部门都不可能离开其他部门而独立存在。但是在职能制组织结构下，组织的“墙壁”把创造产品和服务的流程切割得七零八落，上下环节之间没有协调，导致输出的质量低、成本高、速度慢、效益差。也就是说，部门割裂是导致组织绩效低下的一个非常重要的原因。

3. 事业部制

仍以上述饭馆为例。饭馆的生意继续火爆下去，导致这个饭馆的规模越来越大，雇用的人数也越来越多。在职能制组织结构下，层次和宽度分别反映了组织结构中的纵、横两个参数。这个生意兴隆、不断发展的饭馆，是宽度越来越大还是层次越来越多？或者说，是越来越胖还是越来越高？

根据前面的讨论，在一定的情景下，也就是说，在一定的人员素质、计划完善程度、变化程度、沟通手段等前提下，宽度是不可以改变的。因此，此处的规模扩大主要反映在层次的增加上。

但是，层次的增加会使费用越来越高，沟通越来越难，计划和控制越来越复杂。这就意味着，职能制组织结构的成长是有极限的，到一定程度之后就容纳不了成长的可能了。这引出了一个悖论，事业的成功导致了规模的扩大，规模扩大带来了层次的增加，层次的增加则使得上述几方面的弊端越来越多。从一定意义上讲，就是成功孕育了失败。

这种情况有点像旧式的大家庭，由于长者长寿，人丁兴旺，所以形成了四世同堂的大家庭。众多的人口长年累月在一起吃饭过日子，必然会出现各种各样的矛盾。最后实在过不下去了，就只有分家，儿子们自立门户。但是，大政方针还是要由老爷子过问。

大名鼎鼎的通用汽车公司在 20 世纪 20 年代面对的便是这种困境。通用汽车当时的总裁阿尔弗雷德·斯隆想出了解决这一问题的招数，就是采用事业部制（见图 6—3）。这种制度颇似上面讨论的分家的做法，各个儿子（事业部）相对独立地各管一摊，但由老爷子（总部）掌管大政方针。比如，人事、投资等重大问题由总部来决策，日常的生产经营活动则交由各个事业部进行。事业部制组织结构的出现使得企业规模的扩大几乎不再有限制，从而出现了众多的拥有数十万名员工的巨无霸企业。

图6—3 事业部制组织结构

事业部制组织结构有一个外号叫“联邦分权制”，它是一种分权的制度。每个事业部都有独立的产品和市场、独立的责任和利益，实行独立核算，是一种高度自治的分权化经营。同时，大政方针、长远目标以及一些全局性问题的重大决策集中在总部，以保证企业的统一性。事业部制组织结构的最主要特点就是集中政策指导下的分散经营。

高度自主经营的事业部就相当于一个独立的企业。同一企业的不同事业部之间往往也存在竞争关系。尽管一定程度的竞争是有利的，但如果协调不好，就存在损害企业整体利益的危险。

4. 矩阵制

笔者所服务的大学商学院采取的是一种纵横交错的结构。纵向是以专业化分工为基础形成的各个系，如企业管理系、人力资源系、管理科学系等，横向则是以项目为依托的各个部门，如本科生项目、MBA项目、EDP项目等。这种结构称为矩阵制组织结构（见图6—4）。

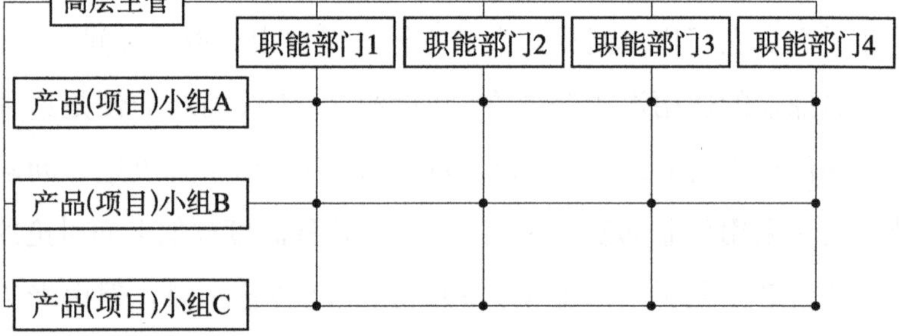

图6—4 矩阵制组织结构

矩阵制是一种广受关注的组织结构类型。它是由按照职能部门化建立的结构和按照产品（或项目）部门化建立的结构重合而成的一种双重结构。在这个矩阵中，每个成员既隶属于纵向的职能单位，又同时服务于一个或几个横向的产品单位或项目单位。也就是说，矩阵中的每个成员要接受至少两个上级的指示，同时也必须至少向两个上级报告。

矩阵制组织结构一般适合于外界环境变化非常剧烈、组织需要处理的信息量非常巨大、分享组织资源的要求特别迫切等情况。

矩阵制组织结构的优点在于灵活应变的能力较强，这是因为横向的产品或项目单位可以根据需要随时设立、调整或撤销；产品或项目单位的成员参与决策的程度很高，从而有利于提高他们的积极性，同时他们也有更多的机会学习新知识和新技能；有利于人力资源的充分利用；有利于加强部门间的横向联系，一定程度上能够克服上述“隧道眼”的问题；还有利于最高主管实施分权管理，并将注意力集中于重大的战略性问题。

这种结构的缺点主要有，由于实行纵向和横向的双向领导，职能主管和项目主管之间容易产生冲突和互相推诿，项目单位成员的职责不够明确等。再者，横向的项目经理或产品经理的责任和权力不对等，责任很大，但没有指挥和命令的权力，只能采取谈判、协商的方式来推动工作。这样的岗位要求很强的人际方面的能力。

5. 团队

团队相当于永久性的任务小组，是一种横向协调能力最强的组织手段。团队（team）不同于一般意义上的群体（group）。公共汽车站牌下等车的一小群人也是一个群体，姚明曾经效力的火箭队则是最典型的团队。通常认为，“团队”一词是从印欧语系中的“deuk”演变而来的，意为“聚在一起”。今天的许多团队理念都可以追溯到20世纪六七十年代发端于日本的“品管圈”（quality circle）和员工参与运动。

当某种活动牵涉到许多不同的部门且需要长期的紧密协作时，组织常常会采用跨部门的团队形式。近年来，团队这种方式在全球范围内受到了越来越多的关注，正在日益成为一种普遍性的组织形式。

几年前一项针对美国476家大公司的调查表明，有7%的员工是在团队中工作的。估计全美有800万～900万人在团队方式下工作。该调查还发现，受调查公司的半数以上都打算在不久的将来大幅度增加这种工作团队的组织方式。

团队如此受青睐的原因包括创造团结精神、使管理层有时间进行战略性思考、提高决策的速度、发挥员工队伍的集体智慧，以及提高绩效等。

团队形式并不能自然而然地提高生产率。一个高效的团队应当具备如下主要特征，即清晰的目标、相关的技能、相互的信任、一致性的承诺、良好的沟通、谈判技能、恰当的领导以及内外部的支持条件。

6. 现实的组织结构——综合的产物

从一定意义上讲，上述几种典型的组织结构的形式只是对现实世界中各种组织形态所进行的理论上的抽象。现实中，很少有真正完全按照上述典型形式构造的组织，大多数组织都是以其中的某种结构形式为基础形式，结合环境的特点和本组织战略的要求进行改造，从而形成一种最有利于实现本组织目标的“特制”的组织结构。普遍适用的最好的组织结构是不存在的。管理者必须根据组织所面临的内外部环境和所追求的目标，确定一种最适合自己的方案。

三、使组织运转起来——职权配置

组织可以看做一台具有特定功能的机器，部门就是组成这台机器的各种零部件，而组织结构就是机器的构造。各种零部件组合在一起后，还必须供之以动力，才能使机器运转起来。组织也是如此，除了对各个部门进行排列安排之外，还要将职权在组织中进行合理有效的配置，才能使组织作为有生命的有机体运转起来。

组织依靠职权来操纵其各组成部分。职权从组织的大脑——最高管理层出发，途经各个管理层次，一直贯穿到组织的基层，形成了一条条由上至下的权力线，这种权力线通常被称为“指挥链”(chain of command)。

一般主张，指挥链要服从统一指挥原则（unity of command)。也就是说，组织中的每个成员必须与一个上司，而且只能与一个上司建立起一种明确的报告关系，只能接受一个上司的指挥。如果两个或两个以上的上级同时对一个下级行使权力，出现“一仆二主”或“一仆多主”的局面，组织就会出现混乱的局面。

但这一原则不是绝对的。例如，在矩阵制组织结构中，就存在这种“一仆二主”或“一仆多主”的情况。通过精心的协调，这方面的问题是可以克服或缓解的。

职权在组织中各个职位上的分配，即指挥链的建立，是通过授权来进行的。授权就是管理者将自己的部分决策权或工作负担转授给下属的过程。授权是组织规模扩大的结果，没有人能够承担实现组织目标所必需的一切任务，也没有人能够行使所有的决策权力。管理者必须将职权授予下属，以使他们在各自的职责范围内进行决策。

授权是一个过程，这一过程由以下三个步骤构成：

(1）将任务委派给接受授权的下属，并明确应当取得的成果。这一步骤是要使下属明确他将承担什么任务，这些任务应当完成到什么程度或应当取得什么样的成果。

(2）将完成任务所必需的职权授予下属。

(3）使下属承担起对所接受的任务、成果要求和职权的义务。也就是，要使下级认可或同意由上级所授的任务和职权，并作出完成任务的承诺。

授权的这三个步骤是不可分割的。仅仅要求某人完成某一任务而不授之以相应的职权，或者仅授予职权却不明确最终要取得什么成果，都不是真正的授权。

在授权过程中，责任是不可下授的，这就是授权的绝对性原则。

上级管理者即使授权给下属去完成某项任务，仍然负有对于该项任务的责任。这也是许多管理者不愿授权或不敢授权的原因之一。

管理者必须从思想上认识授权的必要性和重要性。为了实现组织的目标，维持组织的成长，授权是管理者所面临的不可回避的选择。为了进行有效的授权，管理者必须树立以下几方面的态度。

第一，要有善于接受不同意见的态度。要能够听得进他人的意见，并且能够欣赏和接受下属作出的不同于自己的决策。

第二，要有放手的态度。在某些问题上，或许上级管理者的确比下级更高明，更有经验，但即便如此也不应越俎代庖。正如在国际贸易中存在“经济上的比较利益”规律一样，组织中也存在“管理上的比较利益”规律。也就是说，如果管理者能够集中精力做那些最有利于实现组织目标的工作，同时将其他工作委派给下属（即使这些工作他或许会比下属做得更好），这时他对组织整体的贡献也将是最大的。

第三，要允许别人犯错误。谁都难免犯错误，应当把下属的错误看做一种人才投资。当然，对组织目标和方针政策的解释和说明，以及耐心指导，有助于下属避免特别严重的或重复性的错误。

第四，要善于信任下级。授权本身就意味着对他人的信任。下属不能胜任、能力不够等不能构成不应授权的理由。如果确实如此，应当或者培养他们，或者撤换他们。

第五，要善于适度控制。由于管理者的责任不会随着授权而消失，因此必须确保授予的职权确实是在为实现组织目标而使用，必须对下属的工作绩效做到心中有数。

四、组织职位的填充——人力资源管理

组织中的职位要由具有一定技能、拥有一定资格的人员来占据。人力资源管理就是用合格的人力资源对组织结构中的职位进行填充和不断填充的过程。它包括明确组织的人才需求，对现有的人力资

源进行摸底，以及招募、选拔、安置、提拔、考评、奖惩、训练和培养等一系列活动。人力资源管理工作是前述各项组织活动在逻辑上的后继延伸。“得人者昌，失人者亡”，人力资源对于组织的重要性无论如何强调都不为过。

人力资源管理是一个系统的逻辑过程。图6—5展示了人力资源管理工作的实施过程及其与其他各项管理活动之间的关系。

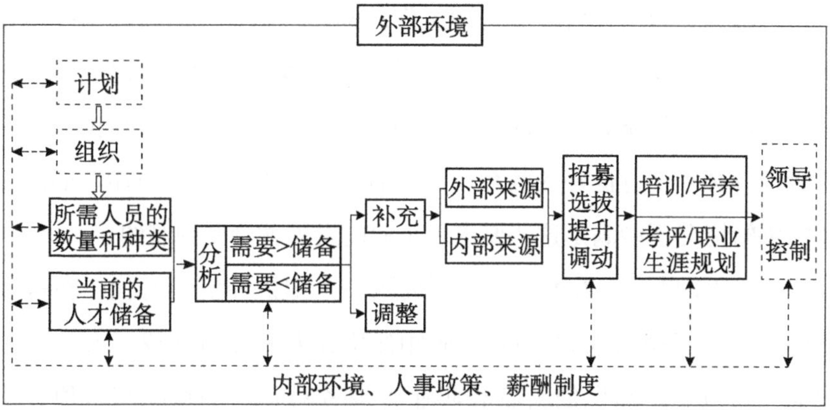

图6—5　人力资源管理的系统过程

组织的目标和计划构成了实施组织职能进而建立组织结构的前提和基础。

组织结构决定了组织所需要的各种职位的总数和类别。通过将这一总数与组织目前的人员实际拥有量进行比较分析，便可以明确所需补充的职位数量和类别。在此基础上，或者面向外部进行招募、选拔、安置，或者从组织内部调整和提拔合格的人选去填充各个职位。

此后，为了把握占据各个职位的人员是否合格地履行了职责，保证在实现目标和计划的过程中不出现偏差或出现偏差时能够及时纠正，就要进行考核和评价。

同时，为了保证对未来组织职位的源源不断的人才供给，就必须进行系统而有效的训练和培养。

人力资源管理对于领导和控制职能也具有非常重要的影响。训练有素的管理者能够创造一种环境，使得在其中工作的人们能够将组织目标与个人目标统一起来，这实际上也就是促进了领导职能的实施。

成功的人力资源管理也有利于有效地控制。选拔合格的管理者将使得计划执行过程中出现最少的偏差，或者即使出现偏差也能够及时加以纠正，不至于酿成不可挽回的损失。

从图 6—5 中还可以看出，人力资源管理同时还要受到内外部环境因素的影响。内部的人力资源政策、组织文化以及薪酬制度等因素，必然会影响和制约人力资源管理工作。例如，不合理的薪酬制度不仅会使得组织对于外部人才缺乏吸引力，而且会挫伤现职人员的士气，甚至导致人才的流失。外部的影响同样不可忽视。例如，高技术产业的管理者必须受过良好的教育，训练有素并具有高度的技能。如果人才的供给情况不能满足这些要求，企业的发展就会受到制约。

迈入 21 世纪，人类正在快速进入一个知识经济的时代。在这个新的时代，组织的人力资源管理面临着前所未有的挑战。人力资源成为人力资本。知识创新者和职业管理者对企业的贡献与价值，使得他们具有了对剩余价值的索取权，人才不是简单地通过劳动获得工资性收入，而是要与资本所有者共享创造成果。也正是从这个意义上，人力资源越来越被视为人力资本。

在几乎所有类型的组织中，知识型员工所占的比重都在不断提高。知识型员工具有很强的独立性和自主性，这大大增加了职位设计、授权和控制的难度；知识型员工具有较高的流动意愿，增加了企业在人力资源方面投资的风险；知识型员工的工作过程难以监控，工作成果难以衡量，致使评价体系的建立变得复杂而不确定；知识型员工之间的能力与贡献差异很大，使得报酬的设计更为复杂。

在这种新形势下，组织与员工之间的关系不再体现为简单的劳动合同，而要求建立一种以劳动合同和心理契约为双重纽带的战略合作伙伴关系。一方面要，依据市场法则确定员工与组织双方的权利义务关系；另一方面组织要与员工一道建立共同愿景，就核心价值观达成共识，实现与员工的共同成长和发展，达到双赢的目标。

在人力资源管理方面，有一个“彼得原理”值得引起注意。这一原理是指“在各种组织中，由于习惯于对在某个等级上称职的人员进行晋升提拔，因而员工总是趋向于晋升到其不称职的地位”这一现象。某位主管在其职位上取得了成就，从而得到了提升，但新职位的要求却超出了他的能力。彼得原理有时也被称为“向上爬”原理。这种现象在现实中经常可以见到，如一名称职的老师被提升为学校的校长后无法胜任，一个优秀的大夫被提升为医院的院长而无所作为，等等。

对一个组织而言，一旦组织中的相当部分人员被推到了其不称职的级别，就会造成组织的人浮于事，效率低下，导致平庸者出人头地，发展停滞。因此，不能因某个人在某个职位级别上干得很出色，就推断此人一定能够胜任更高一级的职务。过去的成功并非未来成功的保证。组织不应把职位晋升当成主要的奖励方式。有时将一个人晋升到一个其无法很好发挥才能的职位，不仅不是对他的奖励，反而会使他感动痛苦，浪费才华。

对个人而言，也不应盲目地将晋升作为工作的唯一动力。与其在一个无法胜任的岗位上勉力支撑、无所适从，还不如在一个自己能游刃有余的岗位上发挥专长。

五、组织变革与流程再造

组织的构造不会一成不变。面对外部环境和内部条件的变化，组织必须不断地改革和适应，这便是组织变革。在过去的 20 年中，影响最为深远和广泛的一种组织变革形式便是企业再造，或称业务流程再造。

1. 两种组织观——职能与过程

迄今为止，绝大多数企业以及各种社会经济组织都是建立在职能分工基础之上的。组织被划分为各种职能部门，具有相同技能和知识背景的人员集中在同一部门中从事同种类型的工作，如图 6—6 所示。这是一种专业化的、纵向分割的方式，一项任务或活动分散在若干不同的职能部门中协作完成。工业革命以来的 200 多年中，这种方式一直发挥着巨大的作用。其优势在于能够发挥规模经济效益，有利于专门知识的积累、同行之间的交流和专业人才的培养。

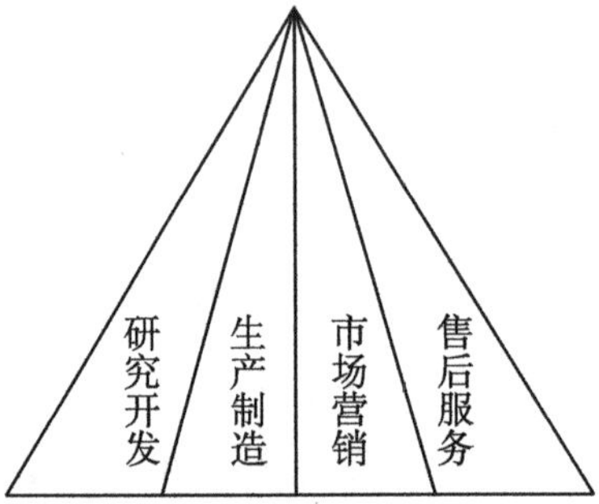

图 6—6　职能分工

这种方式的最大弱点在于横向协调性差，一个个职能部门犹如一个个林立的“碉堡”，人们常表现为“隧道眼”（也称“隧道视野”），人们只关注自己所分担的那一块任务，努力追求本部门利益的最大化，却没有人为整体负责，为顾客的需要负责，完整的过程被组织的部门或单位割裂成了一个个片断，如图 6—7 所示。这种方式很难适应今天顾客主导的、变化无常而又竞争激烈的经济环境。

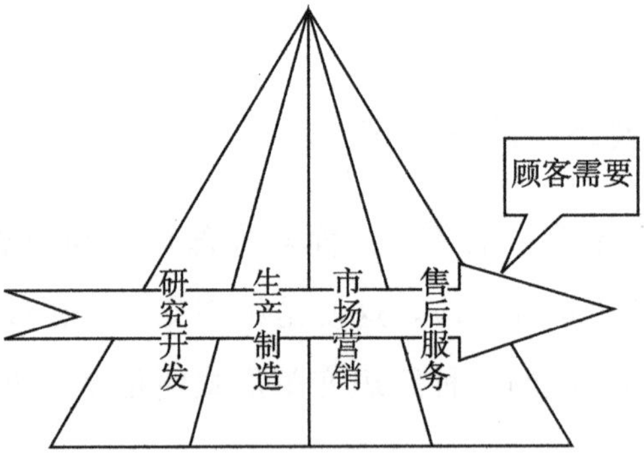

图 6—7　过程的割裂

与职能观点相对立，过程观点是对组织的一种不同的认识。这种观点强调的是，组织实际上是如何跨部门和职能去“做那些应当去做的事”的。过程观点的核心在于说明组织为顾客创造价值时是如何工作的，而不是如何构成的。过程观点已成为组织变革中最核心的概念之一。

组织中的活动可以看做一系列相互关联的“过程”（process），如图6—8所示。顾客的需要是通过这些过程来满足的。而过程就是一组将输入转化为输出的相互关联或相互作用的活动。组织中的过程形成了一个个相互衔接的链条。在过程链中，一个过程的输出成为另一个过程的输入，组织作为整体的输出是经由众多彼此相连的过程实现的，多个过程链的集合便构成了一个过程的网络。

图6—8　过程

下面用一个人们比较熟悉的房屋装修的例子对过程这个概念加以进一步说明。一套毛坯房要装修成能住的房子，客户首先要和装修公司的设计师打交道，提出要求，设计师根据客户的要求提出一个方案，这是第一个环节。如果客户同意，便要与装修公司签订合同，交付定金，成为正式的顾客，这是第二个环节。接下来正式开工，泥瓦工入场。再接下来开始隐蔽工程，铺设水、电等各种管线。之后是木工，再后是油漆工，等等，最终提供一套符合顾客要求的住房。设计、合同、泥瓦工、管线、木工、油漆工等环节的活动集合起来，便形成了过程。

笔者几年前曾有过一次装修房子的体验。当装修已近尾声，进行到油漆这个环节时，才发现门后的一个储物柜的尺寸不对，门无法正常开关。这时，在场的油漆工说了两句话令人捧腹。第一句话是：“这跟我没关系。”接着第二句话是：“您看我油漆得多漂亮。”

房子最终装修得质量如何，成本怎样，速度快慢，取决于哪个环节？答案显然是：取决于所有这些环节的活动的集合。这些环节的活动的集合就是过程。

成本、质量、速度、可靠性等指标用一个综合的术语来表达，就是绩效。绩效是系统输出的各方面特征的综合的表述。传统上人们在追求各方面的绩效时，是一种“摁下葫芦起来瓢”的思路。当质量成为焦点时，可以不惜血本，不顾速度，全力以赴抓质量；当成本成为焦点时，可以牺牲质量，不顾速度；而当速度成为焦点时，又将质量丢在脑后。

质量、成本、生产率只是过程的“结果”，要得到好的结果，得有好的“原因”。这意味着首先要设计一个好的过程，然后持续不断地进行改进。按照这样一种思路，就可以同时实现高质量、低成本、高生产率。很多时候，人们把质量和成本理解为对立的，以为提高质量会增加成本。这是一种错误的理解。如果一开始就设计了一个正确的过程，而且在运行中不断地加以优化改进，就可以做到没有废品，没有缺陷，没有延误，没有返工，所以质量是最好的，同时成本是最低的，速度是最快的。通过过程改进，可以同时改进绩效的多个方面。

近年来，许多流行的管理举措，如流程再造、六西格玛管理、ISO 9000、标杆管理，等等，都立足于从各种各样的角度对过程进行改进。

2. 流程再造的概念与特征

在对业务流程再造所进行的研究中，最具有影响的当推美国人迈克尔·哈默（Michael Hammer）和詹姆斯·钱皮（James Champy）所做的工作。他们在调查研究中发现，一些公司通过变革业务过程而在一个或多个领域取得了惊人的成果。进一步观察还发现，这些企业所进行的变革都是根本性的改变，而不是渐进式的改良。二人在1993年出版的《再造公司——企业革命的宣言》一书引起了世界范围内研究和探讨企业再造理论的热潮，也极大地推动了企业界的再造尝试和实践。根据哈默和钱皮的定义，流程再造就是：

- 为了在诸如成本、质量、服务和速度这些当今关键的绩效指标方面实现剧烈的改进，而对业务过程进行的根本的再思考和激进的再设计。
- 为了消除不增加价值的活动而对经营过程和制造过程所进行的分析和再设计。

再造活动有三方面的特点。第一，再造是剧烈的变革，不是小打小闹，不是修修补补。第二，再造的对象是过程，或者业务过程，而不是某一个部门。就算每个部门都百分之百地改革好了，整体上不见得好，部门优化得再好，也不过是一种局部的优化，局部的优化不等于整体的优化。第三，再造以信息技术为物质基础。

通用电气公司的前CEO杰克·韦尔奇在其任内曾经在通用电气大张旗鼓地搞改革，搞再造。当被人问及他追求的究竟是一个什么样的组织模式时，韦尔奇回答说，他所致力于构造的是一个交响乐团式的组织。在一个交响乐团里，每个人都可以是一个成功者，每一个人用自己独特的技能为团队做出贡献，个人成功的同时也让组织获得了成功。与此相对照，在传统的金字塔形的组织中，只有塔尖上的一个人荣耀，众人皆是输者。

韦尔奇的这种追求对于我们颇具启示。组织应当成为使每个人实现自我的平台。组织结构是为了协调人们的行动的一种工具，而不应成为限制人们活动的桎梏。在管理领域中，创新也同样是制胜的法宝。只有能够最大限度地释放人们的能力、最有利于使人们形成合力的结构才是我们所希望的结构。

3. 案例赏析：流程再造

IBM Credit 的再造实践

IBM Credit是IBM旗下的一个子公司，这是一家为IBM的客户提供贷款的公司。在20世纪90年代初，这家公司遭遇了很大的危机。竞争的加剧和自身管理上的问题，导致顾客满意度很低，业务时有流失。图 6—9 反映了该公司当时的业务流程。

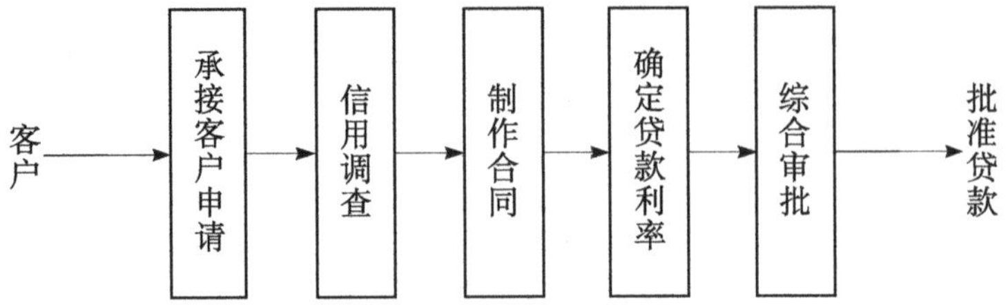

图 6—9 IBM Credit 最初的业务流程

从图 6—9 可以看出，当客户来申请贷款时，第一个部门负责承接客户申请，把客户的资料记录下来，建立档案。之后进入第二个环节，调查客户的资信状况，审查客户是否符合贷款条件。如果这个环节没问题，就进入下一个环节，制作贷款合同。再下一个环节是由定价部门负责确定贷款的利息。最后，由综合审批部门来批准贷款。做一单贷款前后要经过这 5 个环节，当时要用 6 个工作日左右。这样的效率很是差强人意。有时，某个客户申请完之后会打电话询问贷款审批的进展情况，但没有一个部门可以给客户满意的答复，因为大家都是铁路警察，只管自己那一段。

为了找出病因，该公司的主管采取了“走流程”的做法，由经理自己拿着客户的卷宗依次走过各个环节，亲自督办。走流程的结果表明，正常情况下要花费 6 个工作日的贷款申请过程，真正需要由人来处理的时间只不过 4 个小时而已，大量的时间都花在了各个环节之间的排队等待上。

找出问题的根源后，他们采取了一种剧烈的变革方式，废除了原先的串联式的业务处理方式，代之以由多技能员工组成的小团队来综合处理一单单贷款业务，如图 6—10 所示，在人员配备上也进行了相应的改变。原来人员的专门化程度很高，但相对技能较窄。比如说，做信用调查的不懂合同，做合同的不懂定价，各管一摊。采取新制度后，要求员工的技能要更广一些，但深度不必要那么深。同时，引入了一套专家系统，作为支持人们工作的一个辅助手段。

图 6—10 IBM Credit 变革后的业务流程

改革所取得的效果是惊人的。再造后，平均每单业务的处理时间缩短到了 4 个小时，效率提高了 100 多倍。

类似的做法如今在各行各业都有着广泛的应用。如一些机构推行的“一站式”服务、一些地方政府成立的行政审批中心，等等。

笔者曾接触过一家进行类似变革的医院。按照这家医院院长的说法，今天的医院都是“病人围着大夫转，疾病围着技术转”。而这家医院变革的思路就是要把这两者的关系倒过来，改变成“大夫围着病人转，技术围着疾病转”。这实际上体现了一个很先进的医疗理念，叫做“以患者为中心”的医疗。

福特公司应付账款处理部门的再造实践

福特公司在 20 世纪 90 年代初期面对着来自日本的竞争对手的强大竞争压力，此处介绍的是福特的应付账款处理部门当时进行的变革。这个部门的任务是负责向供应商支付货款，当时这个部门共有 500 多名员工。图 6—11 是福特公司基本的采购业务流程。

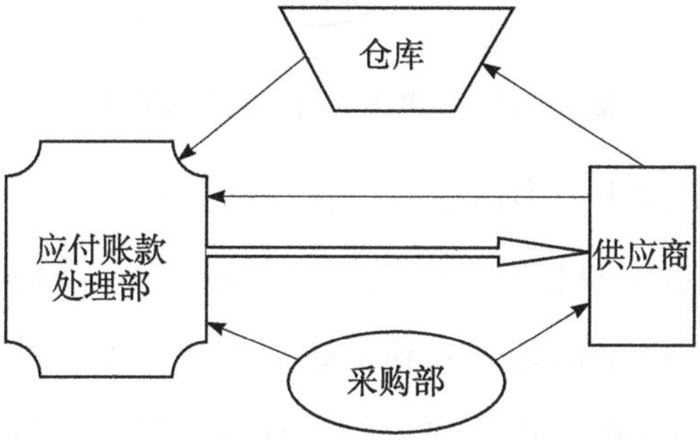

图 6—11 福特公司初期的采购业务流程

从上图中可以看出，采购部门向供应商发订单，当时采取的是几联单的形式，有一联要交给付款部。收到订单之后，供应商要将一个发货清单交到这个付款部，同时向仓库送货。仓库收到货之后，有一个到货通知单也交给付款部。付款部将订单、发货清单、到货通知单这三张单子进行核对，确认无误后把货款付给供应商。当时要改革的就是这个负责向供应商付款的部门。

给供应商付款这个部门竟然需要 500 多人，颇有些不可思议。当然福特的采购业务量巨大，但更主要的是因为付款部要核对这三张单子，只有核对无误后才可以付款。三张单子经常会出现不一致，所以有一大帮人整天忙来忙去在核对单子。

该部门开始时的改革思路是裁员 20%，但裁员计划未及推行就流产了。当时，福特公司考察了日本的马自达公司，发现马自达负责这摊业务的只有 7 个人。这让他们意识到，裁员不是正确的思路，绩效是过程决定的，要改进绩效，就要从改进过程入手。

福特在想通了这个道理之后，深入琢磨了马自达公司的做法，然后根据自己的业务要求，重新设计了这个流程。重新设计之后的流程如图 6—12 所示。

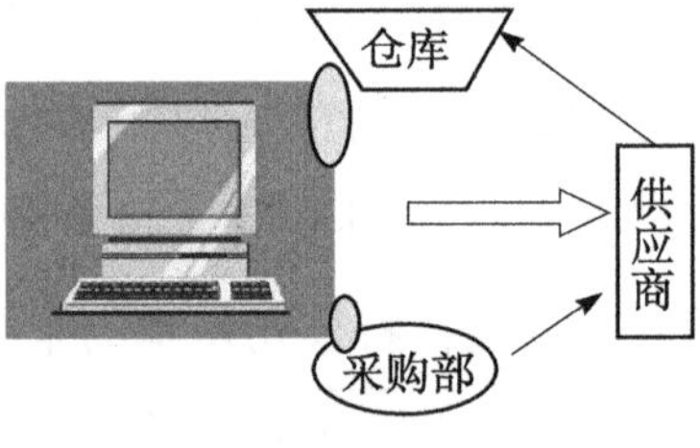

图 6—12 重新设计的采购业务流程

在这个新流程中，多出了一个在线的数据库系统。采取新流程后，废除了原来的三联单的形式。在新流程中，采购部门向供应商发订单的同时，电子信息进入到了数据库系统中。供应商收到订单之后，不再需要发送发货清单，而是直接送货。然后，收货部门直接对着计算机屏幕来收货，检查品种、规格、质量、价格等无误后，再接收货物。这一流程设计消除了订单信息不一致的可能性。采购信息和到货信息一旦对齐，系统就自动支付货款。经过流程再造，这个部门的人数由原来的500多人减少到了100多人，更重要的是，工作效率有了革命性的提高。

此后，福特公司的变革进一步扩展到了供应链，通过与供应商的合作，实施零库存、准时制生产等，使得供应链的效率也得以大大提高。这样的做法，不仅仅是在汽车业，后来也为其他的各行各业所采用。在过去的十多年中，供应链管理成为全球企业管理领域中一个非常热门的主题。今天的企业竞争已不再是单个企业之间的竞争，而是日益成为供应链之间的竞争。

7

我当如何领导人们？

——领导力

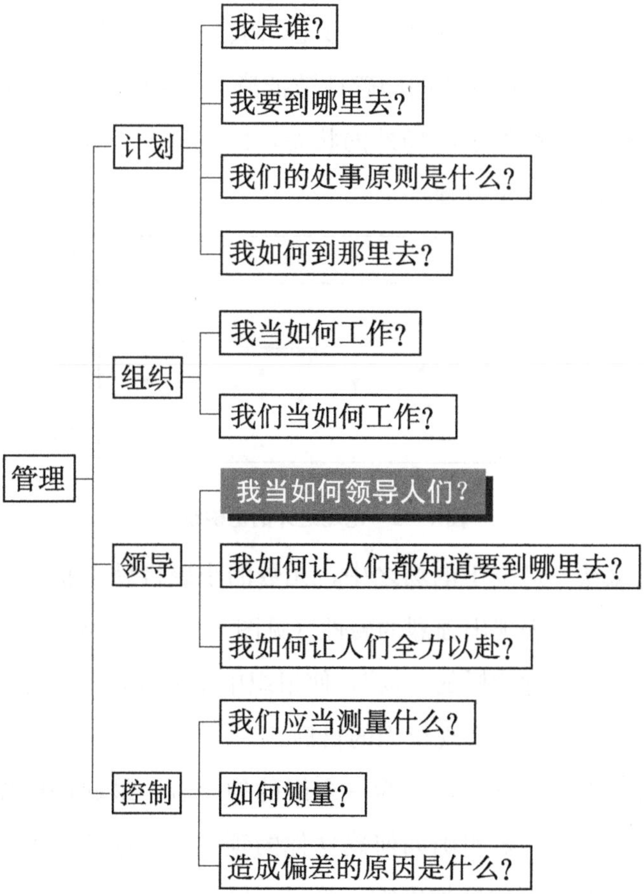

作为管理职能的“领导”讲的不是通常意义上的某一个人，它指的是影响人们去努力实现组织目标的过程。这句话中最重要的关键词是“影响”，领导活动的实质就是对人们施加影响。行为科学对于管理的贡献主要体现在这一职能中。

那么，由谁来进行领导，或者说，谁是领导者呢？很多人会把领导者与组织的最高管理者相提并论。其实，从管理学的角度，领导是每个担任管理职位的人都要做的事情，每个管理者都要进行计划、组织、领导和控制。从这个意义上讲，每个管理者都应当是领导者。

关于领导的作用，可以用一个物理现象作比喻。领导对于一个组织就犹如电场对于电磁铁，组织中的成员就相当于电磁铁中的众多的小磁极。处于电场之外的电磁铁是没有磁性的。有大量的小磁极为什么没有磁性呢？物理学知识告诉我们，由于这些小磁极的排列杂乱无章，它们彼此之间的磁性被抵消了（见图 7—1）。没有领导的组织就像电磁铁处于电场外的状态，即使每个人都很厉害，组织整体上也可能会毫无力量。

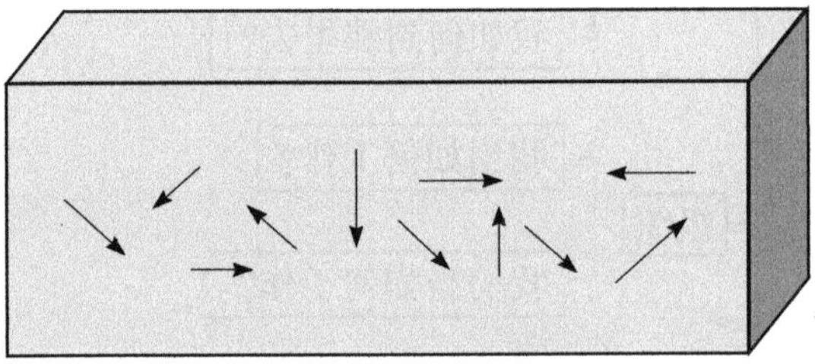

图 7—1　电场之外的电磁铁

而电磁铁一旦位于电场之中，无数的小磁极就会指向同一个方向，从而整体上表现出强烈的磁性（见图 7—2）。领导活动就是要在组织中建立起一种这样的“场”，使组织中全体成员的努力指向同一个方向，从而有效地实现组织的目标。

要有效地进行领导，成为一个好的领导者，最起码要做好以下三个方面。第一，要明确如何确立你的领导力，这意味着要懂得如何才能有效地对人们施加影响。第二，要让所有人都知道要跟你到

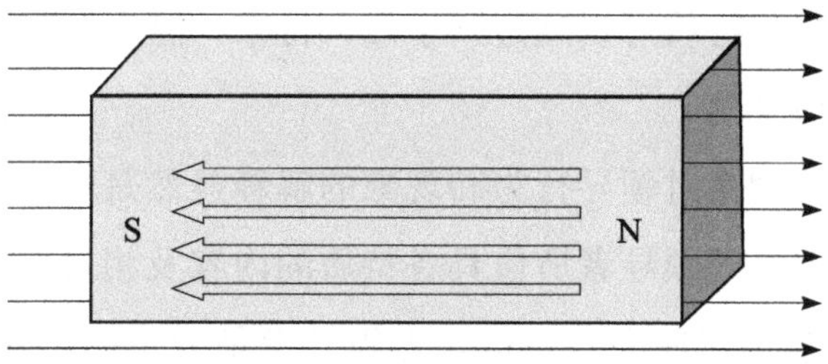

图 7—2 电场中的电磁铁

哪里去。第三，营造一种氛围促使人们全力以赴与你一道去努力实现目标。为了便于理解，可以把这三个方面浓缩为三个关键词，即领导力、沟通与激励。每个管理者都可以从这三个方面来衡量自己是不是一个好的领导者。本章讨论有关领导力的问题，接下来的两章分别讨论沟通与激励。

多年来，人们对于如何才能成为一个有效的领导者，有各种各样的解释或理论，内容十分丰富。按照这些理论提出的时间先后顺序，可以将有关领导的各种理论分为以下几类：（1）特质理论（trait theory）；（2）行为理论（behavioral theory）；（3）权变理论（contingency theory）；（4）新型领导理论。

一、特质理论

20 世纪二三十年代有关领导的研究主要关注领导者的特质，研究具备哪些个性特征的人才能成为有效的领导者。这类研究试图区分领导者和一般人的不同，并以此来解释他们成为领导者的原因，这就是特质理论或性格理论。

尽管付出了相当大的努力，但最后结果表明，不可能有这样一套总能把领导者与非领导者区分开来的特质。在有效的领导者应当具备哪些特质这一点上，领导特质论信奉者们的认识各不相同，但他们有一个基本的共识，即领导特质是先天赋予的，而不是后天培养的，即便某些特质可以通过“学习”得来，但人们学习能力的差异也是与生俱来的。

领导特质理论对领导行为和现象的解释显然是不完善的。这表现在：一是对有效领导者所应具备特质的内容及相对重要性的认识很不一致甚至相互冲突。二是认为领导者是天生的，这有片面性。现代的领导理论学者普遍认为，领导行为的有效性是一种后天的习惯，是一系列实践的综合，而实践总是可以学会的。三是忽视了被领导者及其他情境因素对领导效能的影响。

二、行为理论

早期对于领导效能的大量研究侧重于领导者的个人特质和个人影响力方面，后来，领导研究的重点开始从领导者可能具有哪些特质转向领导者应当如何行为。与特质理论不同，领导行为理论认为，人们可以通过合适的、最优的领导行为的学习和培训而使自身更加有效地开展领导工作。

这里着重介绍几种比较有代表性的理论。

1. 三种领导方式理论

美国艾奥瓦大学的研究人员在一项研究中将领导方式分为三种类型，即权威式（authoritarian）、民主式（democratic）及放任式（laissez-faire）。

（1）权威式领导。这种领导方式的特征是，所有政策均由领导者决定；所有工作进行的步骤和技术也由领导者发号施令；工作分配及组合多由领导者单独决定；领导者与下属较少接触，如有奖惩，往往对人不对事。

（2）民主式领导。这种领导方式的特征是，主要政策由组织成员集体讨论决定，领导者采取鼓励与协助的态度；通过讨论，使其他人员对工作全貌有所认识，在所设计的完成工作的途径和范围内，下属人员对于展开、推进工作的步骤和所采用的技术有相当的选择机会。

（3）放任式领导。这种领导方式的特征是，组织成员或群体有完全的决策权，领导者放任自流，只负责给组织成员提供工作所需的条件和咨询，而尽量不参与，也不主动干涉，只偶尔表示意见。工作的开展几乎完全依赖组织成员、各人自行负责。

研究表明，权威式和民主式的领导方式各有利弊，而放任式的领导方式在通常情况下会缺乏效力。

2.“工作中心”与“员工中心”理论

美国密歇根大学的伦西斯·利克特（Rensis Likert）等曾进行了一系列的领导研究，其对象包括企业、医院及政府等各种组织。他们把领导者分为两种基本类型，即以工作为中心的领导与以员工为中心的领导。

管理方法之一：“利用—命令式”方法。主管人员发布指示，决策中没有下属参与；主要用恐吓和处分，偶尔用奖赏去激励人们；惯于由上而下地传达信息，决策权局限于最高层。

管理方法之二：“温和—命令式”方法。用奖赏兼某些恐吓及处罚的方法去鼓励下属；允许一些自下而上传递的信息；向下属征求一些想法与意见，允许把某些决策权授予下属，但加以严格的政策控制。

管理方法之三：“商议式”方法。主管人员在作决策时征求、接受和采用下属的建议；通常试图酌情利用下属的想法与意见；运用奖赏，偶尔兼用处罚和让员工参与管理的办法来激励下属；既下情上达，又上情下达；由上级主管部门制定主要的政策和一般性的决定，但让较低一级的主管部门去做出具体的决定，采用商议的方式来办事。

管理方法之四：“集体参与”方法。主管人员向下属提出挑战性目标，并对他们能够达到目标表示出信心；在诸如制定目标与评价目标所取得的进展方面，让人们参与并给予物质奖赏；不仅上下级之间的信息畅通，而且同级人员之间的信息畅通；鼓励各个层级做出决定，自己与下属作为一个群体从事活动。

该研究认为，采用方法四的管理人员一般都是很有成就的领导者，以此种方法来管理的组织，在制定目标和实现目标方面是最有成效的。利克特把这些主要归功于员工参与管理的程度，以及在实践中坚持相互支持的程度。

3. 不成熟—成熟连续流理论

美国学者克里斯·阿吉里斯（Chris Argyris）指出，正式组织拒斥成熟的个性，却欢迎婴儿的个性。事实上，婴儿式的员工甚至低能弱智者，反而能在组织中得到较高评价。

布伦南（Brennan）曾在《低能人的创造》一书中记载了这样的事例：1917 年因战争造成劳动力紧缺，某针织厂雇用了 24 名智力仅仅相当于 6～10 岁儿童的女工。公司管理人员对这些女工的评价很高："她们更守时，行为更规矩，并且不参与传播流言蜚语。她们可以挣得与正常人相同的报酬，可以胜任车间里几乎每一道工序的工作。"这样的事例在现代组织里并不鲜见。在正式组织中个性不断发展的员工往往感到束缚苦闷，以非常不成熟的方式从事工作的人反而能得到高薪甚至提升。

阿吉里斯认为，要跳出上述恶性循环，关键在于通过新的组织设计来实现个性与组织的协调。领导者的任务之一就是努力减少这种不协调。要减少这种不协调，就必须减少员工的依赖性和从属性。通过扩大工作内容并实施以员工为中心的领导，情况会得到很大的改善。

阿吉里斯主张有效的领导者应该帮助人们从不成熟或依赖状态转变到成熟状态。如果一个组织不为人们提供使他们成熟起来的机会，或不提供把他们作为已经成熟的个人来对待的机会，那么人们就会变得忧虑、沮丧，并且会以违背组织目标的方式行事。

4. 布莱克和穆顿的管理方格图

美国管理学家罗伯特·R·布莱克（Robert R. Blake）和简·穆

顿（Jane Mouton）于 1964 年设计了一个巧妙的管理方格图，横坐标与纵坐标分别表示对工作和对人的关心程度。每个方格表示“关心工作”和“关心人”这两个基本因素以不同程度相结合的一种领导方式。管理方格图如图 7—3 所示。

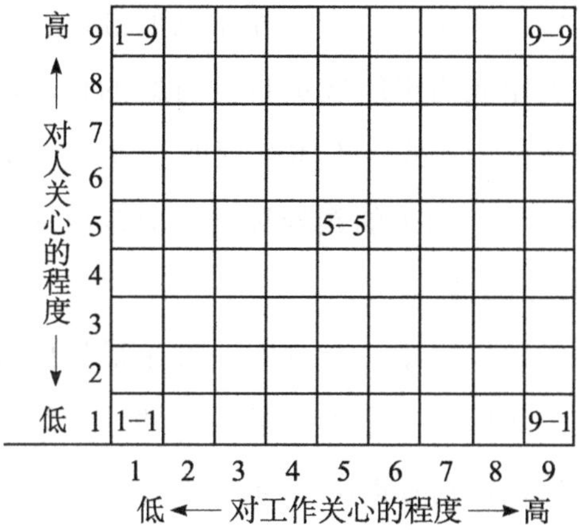

图 7—3　管理方格图

在管理方格图中，横纵坐标各有 9 个刻度，因此可以有 81 种组合，形成了 81 个方格。其中有五种典型的领导方式。

1—1 型方式：表示对工作和人都极不关心，采取这种方式的领导者只做一些维持自己职务的最低限度的工作，也就是只要不出差错，多一事不如少一事，因而被称为“贫乏型的管理”。

9—1 型方式：表示对工作极为关心，但忽略对人的关心，不关心工作人员的需求和满足，并尽可能使人的因素不致干扰工作的进行。采用这种方式的领导者拥有很大的权力，强调有效地控制下属，努力完成各项工作，因而被称为“独裁的、任务型的管理”。

1—9 型方式：表示对人极为关心，也就是关心人员的需求是否得到满足，重视搞好关系，强调同事和下级同自己的感情；但忽略工作的效果。因而被称为“乡村俱乐部型的管理”。

5—5 型方式：表示既关心工作，也关心人，兼而顾之，程度适中，强调适可而止。采用这种方式的领导既对工作的质量和数量有一定要求，又强调通过引导和激励使下属完成任务。因而被称为“中庸型的管理”。

9—9 型方式：表示对工作和对人都极为关心。采用这种方式的领导者能使组织的目标与个人的需求最有效地结合起来，既高度重视组织的各项工作，又能通过沟通和激励使群体合作，下级人员共同参与管理，使工作成为组织成员自觉自愿的行动，从而获得高的工作效率，因而被称为“战斗集体型管理”。管理方格论认为，9—9 型团队式领导是一种最理想的领导风格，应该以此作为领导者检讨和改进现有领导方式的努力方向。

在前述这些领导风格中，究竟哪一种是最好的呢？不同的研究者有不同的主张。从历史上来看，早期的领导者倾向于采用任务中心式领导风格，后来批判者提出了与之对立的人员中心式领导风格，管理方格论又提出了任务和人员结合式的领导风格，孰是孰非一时难以定论。从表面上看，任务和人员结合式似乎是最为可取的，但要在复杂的现实中真正实现关心任务和关心人员的高度结合又谈何容易。此外，领导者在态度方面的关注并不意味着在行动上就一定表现出这样的倾向。

三、领导的权变理论

在进一步的研究中，人们发现，领导行为的有效性实际上并不取决于领导者所采用的某种特定的领导方式，而是与该领导方式所应用的情境密切相关。与特定情境相适合的领导方式可以成为有效的方式，在某种情境下相当有效的领导方式，在另一种情境下可能会失去效能。因此，不存在一种普遍的最好的领导方式，有效的领导方式是因情境而权变的，由此出现了领导的权变理论。这方面比较著名的理论有路径—目标理论（path-goal theory）和权变领导理论（the contingency theory of leadership）。

1. 路径—目标理论

由罗伯特·豪斯（Robert House）提出的路径—目标理论是目前最受人们关注的领导观点之一。这一理论主张，有效的领导者要通过指明实现工作目标的途径来帮助下属，并为下属清理各种障碍和危险，从而使下属实现目标的过程更为容易。

路径—目标理论立足于下属，而不是立足于领导者。这一理论有两个基本原理：一是领导方式必须是下属乐于接受的方式，只有能够给下属带来利益和满足的方式，才能使他们乐于接受；二是领导方式必须具有激励性，激励的基本思路是以绩效为依据，同时以对下属的帮助和支持来促成绩效。

在此基础上，豪斯确定了四种领导行为：

（1）指导型领导。领导者对下属需要完成的任务进行说明，包括对他们有什么希望，如何完成任务，完成任务的时间限制等。指导型领导者能为下属制定出明确的工作标准，并将规章制度给下属讲得清清楚楚。

（2）支持型领导。领导者对下属十分友好，关注下属的福利和需要，平等对待下属，对下属表现出充分的关心和理解，在下属有需要时能够真诚帮助。

（3）参与型领导。领导者邀请下属一起参与决策，同下属一道探讨工作，征求下属的想法和意见，并将其融入团体或组织的决策中去。

（4）成就导向型领导。领导者鼓励下属将工作做到尽可能高的水平。这种领导者为下属制订的工作标准很高，寻求工作的不断改进。除了对下属期望很高外，成就导向型领导者还确信下属有能力制订并完成具有挑战性的目标。

豪斯强调，领导者的责任就是根据不同的环境因素来选择不同的领导方式。如果强行用某一种领导方式在所有环境条件下实施领导行为，必然会导致领导活动的失败。在现实中究竟采用哪种领导方式，要根据下属特性和环境变量而定。

2. 菲德勒的权变领导理论

弗雷德·E·菲德勒（Fred E. Fiedler）提出的权变理论认为，领导者施加影响的能力取决于群体的工作环境、领导者的风格和个性，以及领导方法对群体的适合程度。菲德勒提出，对领导者的工作影响最大的三个基本因素是职位权力、任务结构和上下级关系。

（1）职位权力。这指的是与领导者职位相关联的正式职权以及领导者从上级和组织各方面所取得的支持的程度。

（2）任务结构。这指的是任务明确程度和人们对这些任务的负责程度。

（3）领导者与下级的关系。上下级关系可影响下级对一位领导者的信任和爱戴，从而决定是否乐于与领导者共同工作。

根据这三个因素，领导者所处的环境从最有利到最不利共分为八种类型（见表7—1）。三个条件均齐备的是最有利的环境，三者都缺乏的是最不利的环境。领导方式应与环境类型相适应才能获得好的效果。

表7—1　菲德勒对领导方式与绩效的调查表

环境类型	有利			中间状态				不利
因素	1	2	3	4	5	6	7	8
上下级关系	好	好	好	好	差	差	差	差
任务结构	明确	明确	不明确	不明确	明确	明确	不明确	不明确
职位权力	强	弱	强	弱	强	弱	强	弱
领导方式	指令型			宽容型		—	—	指令型

四、新型领导理论："改革型"或"超凡魅力"的领导

美国管理学家伯纳德·M·巴斯（Bernard M. Bass）把领导者分为两类，即事务型（transactional）和改革型。前者对下属提出需要做什么、有哪些要求，帮助下属树立信心并实现目标；后者则通过提高人们对完成任务的价值与重要意义的认识，通过强调追求更

高层次的需求等来激励下属完成比原来预期的更多的工作。

改革型领导者必须具备五种新的领导技能：

（1）预见技能：对不断变化的内外部环境深谋远虑。

（2）想象技能：运用说服和榜样诱导下属按领导者或整个组织的意图行事。

（3）价值观综合技能：把员工在经济、安全、心理、精神、美学和物质等方面的需求统合起来，以使人们有共同的动机、价值观和目标。

（4）授权技能：乐意并且有效地与下属分享权力。

（5）自知或反省技能：既明白自己的需求与目标，也了解下属的需求与目标。

上述这些新的领导技能并不是生来就具备的，而是要在实践中锻炼、培养、学习和提高。

近年来，一种“超凡魅力的领导”受到人们追捧。这种观点认为，超凡魅力的领导者拥有非常大的权力，具备强烈的自信心、强大的支配力，以及对于信念和道德的坚定性，以使下属认为跟随他是正确的。具有超凡魅力的领导者有以下特征：

- 有一个愿景；
- 能够清晰而生动地描述这个愿景；
- 愿意为了实现这个愿景勇往直前且不惧失败；
- 对环境的限制及下属的需要十分敏感；
- 其行为常常超乎常规。

大量研究表明，具有超凡魅力的领导者与下属的高绩效和高满意度之间有着十分显著的关系。许多学者认为，超凡魅力不是天生的而是后天形成的，可以通过培训使人们习得超凡魅力的行为。

五、案例赏析：李东生与 TCL

2004 年，羽翼丰满的 TCL 踏上了其国际化的征程。成为中国企业国际化进程中的急先锋。但是，短暂的兴奋之后，TCL 遭遇了前所未有的严峻挑战。TCL 在并购汤姆逊、阿尔卡特后的 2005 年、2006 年连续两年亏损，作为上市公司面临着摘牌的危险，企业一度跌入谷底。

2006 年 6 月 14 日，TCL 董事长李东生在 TCL 内部网站上发表了《鹰的重生》一文。在这篇文章里，李东生坦承了 TCL 国际化遭遇的困难和他本人所面临的困扰，反思自己最重大的管理失误在于“无暇顾及全力推进企业的文化变革与创新”。以董事长李东生为首的管理团队最终确定了从企业文化和国际化入手推动 TCL 集团的变革。

鹰的重生

这是一个关于鹰的故事。

鹰是世界上寿命最长的鸟类，它一生的年龄可达 70 岁。

要活那么长的寿命，它在 40 岁时必须做出困难却重要的决定。这时，它的喙变得又长又弯，几乎碰到胸脯；它的爪子开始老化，无法有效地捕捉猎物；它的羽毛长得又浓又厚，翅膀变得十分沉重，使得飞翔十分吃力。

此时的鹰只有两种选择：要么等死，要么经过一个十分痛苦的更新过程——150 天漫长的蜕变。它必须很努力地飞到山顶，在悬崖上筑巢，并停留在那里，不得飞翔。

鹰首先用它的喙击打岩石，直到其完全脱落，然后静静地等待新的喙长出来。鹰会用新长出的喙把爪子上老化的趾甲一根一根拔掉，鲜血一滴滴洒落。当新的趾甲长出来后，鹰便用新的趾甲把身上的羽毛一根一根拔掉。

5 个月以后，新的羽毛长出来了，鹰重新开始飞翔，又可以有 30 年的好时光！

《鹰的重生》的发表在公司引起了极大反响，为 TCL 建设新的企业文化创造了一个良好的开端。2006 年 9 月 15 日，TCL 集团召开首次文化变革创新推进小组联席会议。TCL 重新拟定了企业的愿景、使命和核心价值观，并将文化变革的行动纲领总结为“三改造，两植入，一转化”。

“三改造”是改造流程、改造学习、改造组织。“两植入”是将TCL核心理念植入到人才评价和用人体系当中，植入到招聘和考评体系当中，将理念与实践紧密结合起来。“一转化”是将企业的愿景和个人的发展结合起来，转化为组织和员工个人的愿景。这次文化变革大大坚定了TCL推进国际化的决心，提升了公司上下员工的士气。

TCL的愿景

成为受人尊敬和最具创新能力的全球领先企业

TCL的使命

为顾客创造价值·为员工创造机会·为股东创造效益·为社会承担责任

TCL的价值观

诚信尽责·公平公正·变革创新·知行合一·整体至上

接下来，李东生亲自带队，组织150名高管参加了“鹰之重生”户外体验活动，四天三夜的同甘共苦将大家凝聚在了一起。随后，有600多名高管参加了变革创新动员大会及企业文化变革创新系列培训，并召开了千人誓师大会。以企业文化为突破口，首先以高管团队为目标对象进行文化再造。

经过几年艰苦卓绝的努力，TCL摆脱了颓势，重新走上了发展的快车道。2012年TCL品牌价值达到583.26亿元人民币，继续蝉联中国彩电业第一品牌。经历了国际化的洗礼之后，TCL这只雄鹰再次势头强劲地翱翔在全球市场上。李东生豪迈地宣称：“敢为天下先的TCL人，定能凭借变革创新的智慧、百折不挠的毅力，谱写TCL历史的新篇章，实现TCL发展的新跨越!”

（根据《鹰的重生：TCL追梦30年1981—2011》一书整理，中信出版社，2012。）

8

我如何让人们都知道要到哪里去？

——沟通

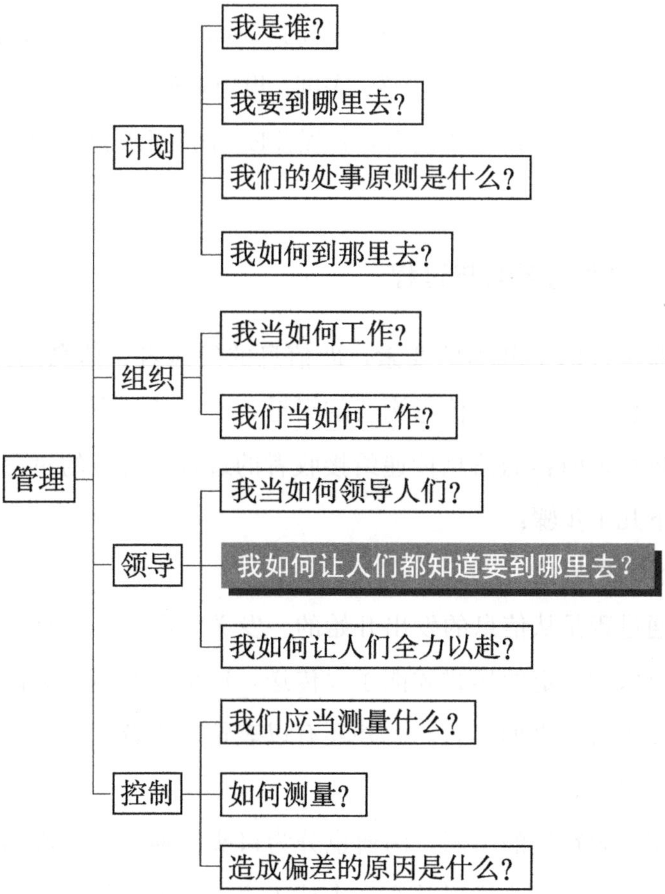

《孙子兵法》云："上下同欲者胜"。没有有效的沟通，上下同欲就是一句空话。有效的沟通是组织绩效的基本保证。沟通对于组织而言，就好比血液循环与生命有机体之间的关系。血液向有机体细胞提供氧气，没有氧气，细胞就会机能失常，就会死亡。沟通则为组织中的部门和个人提供工作所需的信息，增进相互了解和合作。缺乏沟通，组织就会发生紊乱，组织的运转就会发生故障。

沟通就是信息的传达与理解，"传达"和"理解"是这句话中值得强调的两个要点。沟通首先意味着信息要由发出者传达到接收者，如果传达不到就谈不上沟通。再者，只有就所沟通的信息达成正确的理解，也就是说所发出的信息与接收到的信息在内容上达到一致，才能称得上是有效的沟通。

需要强调的一点是，人与人之间的沟通不仅仅是单纯的情报、资料、情况的交流，而且包括情感、态度、思想和观念的交流。态度、情感因素贯穿管理沟通的整个过程，管理者必须高度重视这个问题。

一、沟通的要素与过程

沟通包含四个基本的要素，即信息的发送者、信息的接收者、所沟通信息的内容以及信息沟通的渠道。沟通就是发送者通过一定的渠道将特定内容的信息传递给接收者的过程。沟通的过程可以划分为如下几个步骤：

1. 信息的发出

沟通过程是从信息的发出开始的。发送者产生了某种意思或想法，就要借助一定的形式才能予以传送，这称为编码。编码最常用的是口头语言和书面语言，此外还有以表情、声调、手势等表现出来的肢体语言。

根据编码符号的不同，沟通也分为口头沟通、书面沟通及非言语沟通三种。非言语沟通补充和支持了言语沟通，但有时也可能弱化或抵消言语沟通。言行不一致的做法，势必冲淡言语的效果。

编码时，由于发送者语言表达能力的限制、语意模糊不清或者有意过滤信息等原因，往往会造成信息沟通的障碍。

2. 信息的传递

信息的传递通过一定的渠道或路径来进行，如谈话、演讲、信函、报纸、电视节目等。不同的渠道适用于传递不同的信息。比如发生了火灾，显然使用书面方式来传递这一信息是不合适的。沟通过程有时需兼用两条甚至更多的沟通渠道。例如，对员工绩效的评价，管理者在做了口头评估之后可以再提供一份书面材料。又如，面对面交谈实际上同时使用了口头表达与肢体语言表达两种方式。一条沟通渠道常可同时传送多种形式的信息，如电视电话会议和其他多媒体技术可把语言、文字、图像、数字等融合在一起传送，大大便利了复杂信息的传递。沟通渠道选择不当，或者沟通渠道超载，以及沟通手段本身出现问题，都可能导致信息传递中断、失真或无法传送至接收者。

3. 信息的接收

从沟通渠道传来的信息，需要经过接收者接收之后，才能达成共同的理解。收受信息的人必须处于接收准备状态，才可能收受传来的信息。听而不闻会造成沟通的失败。将收到的信息符号理解、恢复为思想，这称为解码。只有当接收者对信息的理解与发送者传递出的信息的含义相同或近似时，才可能产生正确的沟通。

4. 信息的反馈

为了核实、检查沟通是否达到预期的效果，往往还需要有反馈。如在口头沟通中，“听懂了吗?”所得到的答复就代表着反馈。只有通过反馈，信息发送者才能最终了解和判断信息的传递是否有效。但并非所有的沟通都伴随着反馈。不出现反馈的沟通称为单向沟通，出现反馈的信息沟通称为双向沟通。

二、常见的沟通障碍

在现实的管理情景中，存在大量的沟通障碍，这些障碍会影响沟通的效果，阻碍沟通的成功。常见的沟通障碍有语义、过滤、选择性知觉、情绪、文化等。

1. 语义

同一个词汇对于不同的人来说会有着不同的理解。年龄、教育程度和文化背景等因素，极大地影响着人们的语言风格，影响着人们对于词汇的理解和界定。即使是同一个组织中的不同部门，也会有其独特的“行话”。技术人员惯用的某一个术语，在销售人员听来或许就是完全不相干的其他的含义。认为所有的听者对于你所用的词汇会有同样的理解，这是一厢情愿的想法。

2. 过滤

过滤指的是人们对于信息的故意操纵。比如我们经常见到的，下级对上级的汇报会经常“报喜不报忧”，他未必编谎话，但是把很多信息给过滤掉了。组织的层次越多，信息被过滤的可能性就越大。另外，组织的奖励制度对于信息过滤行为会起到很大的影响。奖励越注重形式和外表，人们就越会有意识地按照上边的口味来调整和改变信息。

3. 选择性知觉

过滤说的信息的发出者人会过滤掉信息，而选择性知觉说的是信息的接收者会挑内容来听或看。在沟通过程中，接收者会根据自己的需要、动机、经验、背景及其他个人特质，有选择地去看或听所传递给他的信息。人们常说，“你听到的并不是对方说的话，而是你想听的话”，这就是选择性知觉。

4. 情绪

情绪对于信息的发出和接收均具有很大的影响。极端的情绪使得人们无法进行客观而理性的思考，从而会口不择言、语无伦次，连自己都不知道所言何物。就信息的接收者而言，情绪也会影响到他对信息的解释。一个人在高兴或痛苦的时候，会对同一信息作出截然不同的理解。因此，最好避免在很沮丧的时候对某一信息作出反应。

5. 文化

文化差异会影响到管理者的沟通方式，如西方的管理者更偏重于正式的沟通，而在东方文化中，非正式的、私下的沟通可能会占较高的比重。这些差异如果不能得到很好的认识和认真的考虑，就极有可能成为有效沟通的障碍。

三、有效沟通的十六字诀

如何才能克服上述的沟通障碍，进行有效的沟通？有一个提高管理者沟通技能的“有效沟通十六字诀”，这便是“运用反馈、简化语言、抑制情绪、积极倾听”。如果能将这几个方面善加运用，将有助于改善我们的沟通效果。

1. 运用反馈

很多沟通问题都是由于理解不准确或者误解造成的。通过反馈可以有效改善这些问题。因此，管理者在沟通时不要唱独角戏，不要以为你说的话别人就能听懂听全。说完之后，可以问一问对方，让他描述或复述一下，这就是反馈。反馈可以有效地促进理解和准确性的提高。

2. 简化语言

有效的沟通不仅意味着要让人们听到，还要让人们听懂。人类的理解能力其实是很差的。很长的话，过多的术语、行话，过分的书面语，车轱辘话等，常常会让人们听上去不知所云。所以要注意说话的措辞和逻辑，力求使欲发送的信息清楚、明确，要努力用最简单的、对方能够听得懂的话来表达你想表达的意思。

3. 抑制情绪

显然，人在过分的激动、焦虑或哀伤的时候，既不利于说，也不利于听。情绪会使信息的传递严重受阻或失真。所以要使沟通有效，就要善于调节和控制情绪，力求使之保持在一个平和的状态。当不管由于何种原因而处于大悲或大喜之中时，可以暂时停止沟通，直到自己平静下来。

4. 积极倾听

一说到沟通，很多人就把它理解为说。这其实是个误解。有的人很能说，一张口，天南地北无所不知，古往今来无所不晓，但常常说了半天人们都不知道他究竟想表达什么。西方有这样一句话："上帝给我们两只耳朵，一张嘴，目的是让我们多听少说。"沟通是信息的交流，是意义的传达。沟通不仅是能说，而且还要会听。单纯

戴尔·卡耐基的故事

戴尔·卡耐基（Dale Carnegie，1888—1955）是一位著名的沟通大师。有一次他所在的机构因举办一个活动而需要募款，其中的一个募款的对象是一位阔太太。几拨人轮番劝募，但这位阔太太就是不愿掏钱。最后，说服这位阔太太的任务便落在了卡耐基的头上。接下来的一个社交晚会，卡耐基与那位阔太太都受邀出席。卡耐基有意识地与这位阔太太攀谈了起来。大概两个多小时的活动结束以后，卡耐基拿到了一张大额的支票。大家佩服得五体投地，纷纷问：你是怎么把她说服的？卡耐基却回答说，我压根儿没怎么说话，支票是她主动给我的。事情的原委是，这位阔太太表达欲比较强，卡耐基则在那天晚上扮演了一个善解人意的听者的角色，他让这位阔太太说得通体舒畅，最后主动提出要赞助活动。从某种意义上讲，这位阔太太不是被说服的，而是被"听"服的。

的听还不够，还要能够倾听。单纯的听是被动的，倾听则是对含义的一种积极主动的搜寻，因此它要求听者全神贯注。

关于听，有以下几点忠告：

（1）使用目光接触；

（2）注意表情和动作；

（3）集中注意力；

（4）提问；

（5）复述；

（6）避免打断说话者；

（7）少说多听。

四、案例赏析：美国西南航空公司

美国西南航空的使命决定了公司所期望的文化。美国西南航空的每个员工都理解他们的岗位是如何对公司的使命做出贡献的，也理解公司整体使命的成功依赖于每个岗位员工的优秀表现。美国西南航空这样描述自己的使命：

> 通过热情、友好、尊重和公司精神，提供最高质量的客户服务。
>
> 我们承诺为我们的员工提供稳定的工作环境和平等的培训与晋升机会。公司鼓励提高运行效率的创新与改革。除此以外，员工们都将得到他们所期望的同等的关心、尊重和人文关怀，正如对待西南航空的旅客一样。

西南航空公司的 CEO 赫布·凯莱赫（Herb Kelleher）的行为就是对公司使命的最好诠释。在公司中他因精力充沛著称。无论任何时候，只要需要，他就会跑过来帮忙为乘客检票、搬运行李箱、顶替空中乘务员，他可以做任何让顾客感到舒适愉快并印象深刻的事情。

西南航空有一名顾客关系副总裁，他的常规职责就是每天查看员工或团队是不是很好地解决了顾客关注的问题，收集来自顾客的反馈，或其他一些重要的信息。

西南航空的飞行员团队是全世界拥有最好安全纪录的团队之一。他们工作努力，每个月起降的次数比任何竞争者都多，他们因出色的飞行技能而受到同行们的尊敬。

一架飞机从抵达到离开的整个过站过程如同芭蕾舞一样复杂。许多承担不同任务的人为了同一个目标而努力。飞行员把飞机停靠在登机廊桥附近，当飞机到达廊桥时，地勤人员必须已经在那里集合完毕，准备对飞机进行整理。

空乘人员引导乘客下飞机，陪伴未成年人下飞机，保证没有人遗忘自己的行李。他们还要清理飞机，为下一次飞行做好准备。与此同时，行李搬运人员卸载行李，装载新的行李。加油人员给飞机加油，食品供应人员给飞机补充食品，机械师可能会根据工作日志中的记录对飞机进行必要的维护。同时，飞行员为下一个航班做准备，和调度人员就飞行时间、天气情况、燃料需求和该航线上的其他任何特殊情况进行交流。

与此同时，机场内的工作人员安排乘客和行李登机，分发登机牌，进行安检等工作。然后地面的工作人员会帮助乘客登机，帮助残障人士和无人陪伴的未成年人登机，检查每一张登机牌以保证每个乘客登上正确的航班。飞机必须进行配重和平衡处理，所有的随身行李必须安全放置，在机舱门关闭之前所有的人必须入座。

每个员工都有特定的任务，而且这些任务通常必须依照一定的程序完成，时间和精确是关键。能够理解这些关系的员工更能理解正确而高效地完成本职工作的重要性。他们知道自己的表现不仅会影响到其他员工和客户，而且会影响到公司使命的最终完成。

优秀的员工会受到各种奖励。奖励也许不是特别贵重，可能只是一张电影票或者一张餐馆的优惠券，但是这种方法带来了激烈且良性的内部竞争，使员工感觉到他们的工作是有意义的、是被关注的。

在西南航空：

（1）人们在工作时感到充实。

（2）人们感到被赏识。

（3）人们感到可以做最好的自己，并尽可能展示自己的个性。

（4）人们感到他们的工作要运用智慧进行思考，而不仅仅是简单的重复劳动。

（5）人们喜欢他们的同事，包括他们的老板。

（6）人们知道自己的工作对公司很有价值，有一种发自内心的满足感，同时也需要让公司和老板认可他们工作的价值。

（7）人们认可在公司和工作当中所承担的使命。

（8）人们感到受人尊重。

（9）人们感到是公司的主人并且有使命感。

（10）人们在一个诚实的环境中工作，忠实于自己的价值观。

（11）人们庆祝成功。即使他们本身可能并没有参与其中，但是公司或者部门的成功也是值得庆祝的。

（12）犯错误时不会被指责。

（13）当出现错误时，人们不会被当成替罪羊。

（14）荣誉大家分享。有时，这样可以避免领导者成为众矢之的。

（15）员工的朋友和家人也认可他们所做的工作和所在的公司。

（根据《做正确的事》一书整理，中国人民大学出版社，2009。）

9

我如何让人们全力以赴？

——激励

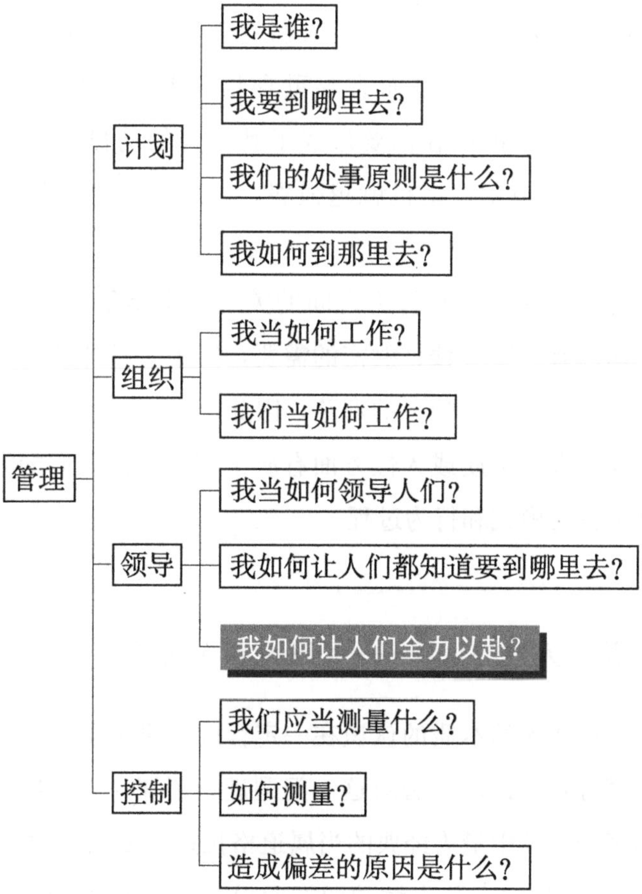

激励（motivation）是指促使人们实施某种行为的内在的或外在的动力。作为动词的激励（motivating）则是指使人们获得这种行为动力的过程。管理者要影响人们的行为，就必须理解人们的基本行为模式，认识激励的机理。

一、需要决定行为

为什么满足了人们的需要就能引导人们的行为？这里涉及的实际上是一个关于人类行为的基本认识，即“需要决定行为”。人的动机建筑在某些未满足而要求得到满足的需要的基础之上。人的需要得不到满足，就会在生理上和心理上失去平衡，形成紧张。为了恢复平衡并消除紧张，人们就会努力去追求所需要的东西。例如，人会因为饥饿而去寻觅食物，因为孤独而去寻找关心。也就是说，人的内在需要形成了其行为的动机。人们满足自身需要的欲望越迫切，动机就越强烈，从事某种行为的热忱也就会越高。

但是，人类的需要和行为之间的关系常常是很复杂的。比如，张三和李四都有对于金钱、财富的需要，但张三勤劳致富，李四却走上了撬门入室、打家劫舍的邪路。因此，为了有效地对人们进行激励，就要对人的本质或人性方面有所了解，懂得人们的需要，理解人的基本行为模式和行为过程。

二、关于人性的认识——X 理论和 Y 理论

对于人性或人的本质的认识在一定程度上决定了管理者的管理风格或管理方式。许多学者对这一问题进行了探讨，提出了众多见仁见智的理论，其中最为经典的当属道格拉斯·麦格雷戈（Douglas Mc Gregor）提出的有关人性的两类假设，即 X 理论和 Y 理论。X

理论是一种性恶论，代表了一种对人的消极认识；Y 理论则是一种性善论，是一种积极的人性认识（见表 9—1）。

表 9—1　　X 理论和 Y 理论

X 理论	Y 理论
(1) 多数人十分懒惰，他们总想方设法逃避工作。 (2) 多数人没有雄心壮志，不愿负任何责任，而心甘情愿受别人指导。 (3) 多数人的个人目标都是与组织目标相矛盾的，必须用强制、惩罚的方法才能迫使他们为达到组织的目标而工作。 (4) 多数人工作是为了满足基本的需要，只有金钱和地位才能鼓励他们工作。 (5) 人大致可以划分为两类：多数人都是符合上述设想的人；另一类是能够自己鼓励自己、克制感情冲动的人，这些人应承担管理的责任。	(1) 一般人都是勤奋的，如果环境条件有利，工作就像游戏或休息一样自然。 (2) 控制和惩罚不是实现组织目标的唯一手段。人们在执行任务中能够自我指导和自我控制。 (3) 在适当条件下，一般人不仅会接受某种职责，而且会主动寻求职责。 (4) 大多数人而不是少数人，在解决组织的困难问题时，都能发挥出高度的想象力、聪明才智和创造性。 (5) 有自我满足和自我实现需要的人往往以达到组织目标作为自己致力于实现目标的最大报酬。 (6) 在现代社会中，一般人的智能和潜力只得到了部分发挥。

基于 X 理论的管理者较多地倾向于采取“胡萝卜加大棒”的管理方式。他们认为，组织应以经济报酬来诱导和驱使人们做出绩效，并以权力与控制体系来维护组织的运转及引导员工。其管理的重点在于提高效率，完成任务。其管理特征是制定严格的工作规范，加强控制。金钱刺激、严厉惩罚是惯用的管理手法。基于 Y 理论的管理者则倡导员工参与决策，为员工提供富有挑战性和责任感的工作，建立良好的群体关系，认为通过这些手段可以有效调动员工的工作积极性。

在现实中，X 理论和 Y 理论的信奉者中都有有效的、成功的管理者。但麦格雷戈本人坚信，Y 理论的假设比 X 理论更有效。另外，人们的行为方式并非一成不变。有这样一句老话：“如果你把人看做贼，他就会以贼的方式来对待你。”也就是说，很多情况下，人们所表现出来的行为是管理者行为的结果而非原因。

三、马斯洛的需要层次理论

美国心理学家亚伯拉罕·马斯洛（Abraham Maslow）基于神经心理学的研究提出的一个广为人知的学说——需要层次理论。这一理论认为，人的需要可以划分为生理的需要、安全的需要、社交的需要、自尊与受人尊重的需要以及自我实现的需要五种类型，它们依次从低级到高级排列成一个等级层次结构（见图 9—1）。

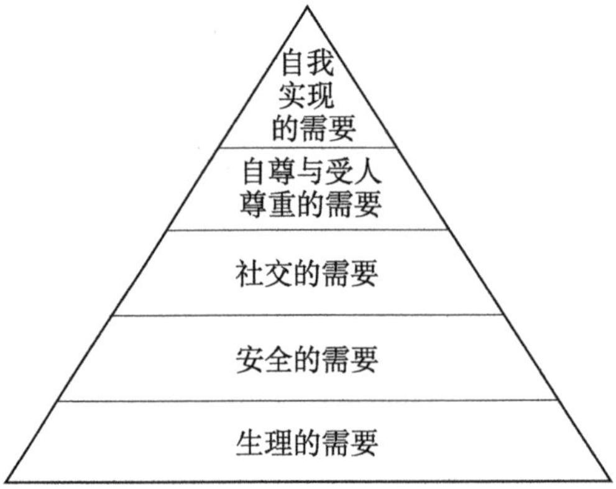

图 9—1 马斯洛的五种需要层次

生理的需要是指衣食住行方面的需要；安全的需要是指保护自己免受身体和情感伤害并保证生理需要得到持续满足方面的需要；社交的需要包括了爱情、归属、接纳、友谊等方面的需要；自尊与受人尊重的需要指自尊、地位、认可、关注方面的需要；自我实现的需要指人们追求成长、发挥潜能、实现理想的需要。此外，马斯洛还将这五种需要划分为高低两级。其中，生理的需要、安全的需要和社交的需要都属于低级需要，这些需要通过外部条件就可以满足。而尊重的需要和自我实现的需要是高级需要，要通过内部因素才能满足，而且一个人对尊重和自我实现的需要是无止境的。该理论不仅强调人的需要分成五个层次，而且主张这五个层次的需要是由低到高逐级来满足的，只有当较低级的需要基本满足之后，才会产生较高级的需要。人们尚未得到满足的较低的需要称为主导需要，主导需要决定人的行为。应该注意的是，五种需要层次并没有泾渭分明的界限，层次间往往是相互重叠的，某一种需要的强度降低，则另一种需要的强度随之上升；也有些人的需要始终处在较低层次；而各种需要的顺序也不一定在每个个体身上都一成不变。由于马斯洛的理论简单明了、易于理解，具有内在的逻辑性，因而具有广泛的影响。但有时这一理论也会因其未得到实证研究的检验而为人们所质疑。

四、三种需要理论

在现实管理中，人们对于激励问题的认识常常过于狭窄。许多情况下，只是从两个字出发来解释问题、构造制度，这两个字就是“钱”和“权”。事实上，钱和权并不足以解释所有的问题。戴维·麦克利兰（David C. McCleland）等人提出的三种需要理论认为，主要有三种需要推动人们从事工作，它们是：

（1）成就需要，即达到标准、追求卓越、争取成功的需要；

（2）权力需要，即影响他人以某种方式行为的需要；

（3）归属需要，指建立友好和亲密的人际关系的愿望。

这一理论有着十分现实的指导意义。它告诉我们，驱动人们去努力工作的因素不是只有“钱”和“权”这两个字。海信公司有一个说法，“事业留人，氛围留人，待遇留人”。海信公司的这一说法与此处的三种需要理论颇有异曲同工之处。

五、双因素理论

20世纪50年代后期，美国心理学家弗雷德里克·赫茨伯格（F. Hertzberg）提出了双因素理论。该理论认为，给人们带来工作满意度的因素与带来不满意的因素是截然不同的两类因素。

在工作中，如果不具备某些因素，将会引起人们的不满；具备这些因素可以消除人们的不满，但并不能使人们感到太多的满足。这类因素通常是与工作条件和环境有关的因素，如公司政策与管理监督、工作中的物质环境与人际关系、工资福利、工作安全和权力地位等，通常被称为保健因素或维持因素。

同时，还存在另一类因素，即使不具备这些因素，也不会使人们感到太多的不满，但具备了这些因素则会使人们感到满意。这类因素通常是与工作本身的性质有关，如工作的挑战性、工作的成就感、进步和成长的机会等，这些因素被称为激励因素。

这一理论对于我们的启示在于，领导者在激励下属的过程中，要认识到保健因素不可缺少，以免引起员工对工作产生不满。而要想真正激励员工努力工作，就必须注重激励因素，只有这些因素才会增加员工的工作满意度（见表 9—2）。

表 9—2　　保健因素与激励因素

保健因素（环境）	激励因素（工作本身）
薪金	工作本身
管理方式	赏识
地位	进步
安全	成长的可能性
工作环境	责任
政策与行政管理	成就
人际关系	

双因素理论与马斯洛的需要层次理论之间存在一定的对应关系。可以认为，保健因素对应着马斯洛需要层次中的低级需要，激励因素则对应着需要层次理论中的高级需要。

六、期望理论

期望理论认为：需要会导致行为，但特定的需要并非必然导致相应行为的发生。一个人做出某一行为的动力的大小，取决于对于该行为可能产生的结果的大小以及这种结果实现的可能性的判断。也就是说，某个人决定是否做出某个行为，一方面要衡量这一行为能为他带来多大的好处，即工具性；这一好处对我有多大的吸引力，即效价；另一方面也要考虑这种结果实现的可能性，即期望值 。一个人受激励的程度，就取决于期望、工具性和效价这三个因素的共同作用。用公式表示为：

动力＝期望×工具性×效价

打个比方来说，天上有个金月亮。显然，得到这个金月亮的效价很大。但是，人们很难找到一个梯子去摘取这个金月亮，这意味着期望值很低。因此，人们去摘取这个金月亮的动力约等于零。这一理论由著名行为科学家和心理学家维克托·弗鲁姆（V. H. Vroom）提出。该理论对于我们的启示在于，要对人们进行有效的激励，就必须了解某项报酬对于人们到底具有多大的吸引力，并尽可能增强这种吸引力；另一方面要根据人们的能力来合理指派工作和设定目标，使其形成通过个人努力能达到预定结果的高期望值或期望率。

七、公平理论

我们都知道，让人们端上碗吃肉，并不能保证人们放下筷子不骂娘。这一现象涉及激励中的公平理论。公平理论认为，员工的工作动机不仅受其所得的绝对报酬的影响，还受到相对报酬的影响。即一个人不仅关心自己所得的绝对值（自己的实际收入），而且关心自己收入的相对值（自己收入与他人收入的比较）。人们会把自己的付出和所得与他人的付出和所得进行比较。如果由此而产生了不公平感，将会影响到他以后付出努力的程度。用公式表示为：

$$\frac{\text{自己的所得}}{\text{自己的付出}} \sim \frac{\text{他人的所得}}{\text{他人的付出}}$$

当人们感觉到不公平时，会采取相应的行为来对付或消除这种不公平。这些行为包括：改变自己的付出或所得，改变他人的付出或所得，曲解自己或他人的付出或所得，选择其他的参照对象来进行比较，或者干脆一走了之。人们这些旨在调整不公平的行为，对于生产率、产品质量、缺勤率、离职率等具有显著的影响。美国管理心理学家、行为科学家 J·斯塔西·亚当斯（J. Stacy Adams）是公平理论的创始人。亚当斯的公平理论如图 9—2 所示。

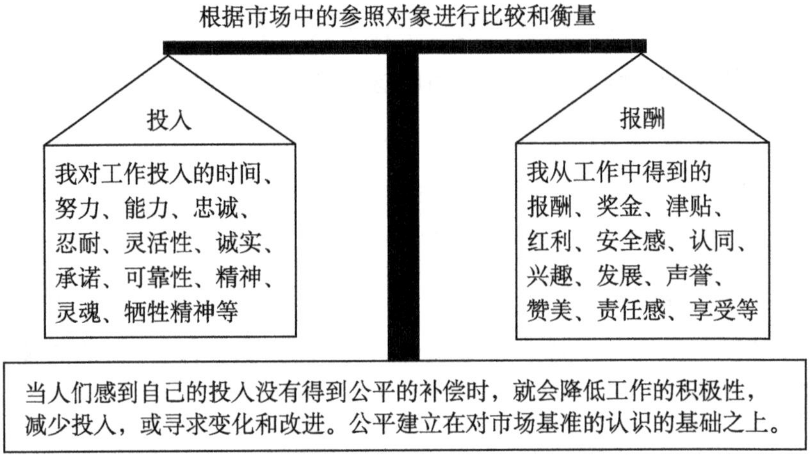

图 9—2　亚当斯的公平理论图——工作动机

八、强化理论

在一些马戏团的演出中，经常能看到会做算术的小狗的精彩演出。其实，这些小狗并没有人们想象的那么聪明，它们的行为是驯兽师不断强化的结果。强化理论是由美国哈佛大学的心理学家伯尔赫斯·弗雷德里克·斯金纳（B. F. Skinner）提出的。该理论认为，行为是结果的函数，行为的原因来自外部。当人们因采取某种行为而受到奖励时，他们就很有可能重复这种行为；当某种行为没有受到奖励或者受到了惩罚时，其重复的可能性就会非常小。与前述几种激励理论不同，强化理论不考虑需要、期望、公平等因素，只关注人们采取某种行动后会带来什么后果。具体来说，可以采用正强化、负强化、自然消退和惩罚这四种方式来对人们的行为进行修正。

（1）正强化就是奖励那些所希望的行为以使其重复出现；

（2）负强化也称规避，指人们为了避免不合意或不希望的结果而努力克服某种行为的情况；

（3）自然消退是一种冷处理，指通过对于不希望发生的行为采取置之不理的态度，使其逐渐减少和不再出现；

（4）惩罚即对于不希望的行为采取惩罚措施，使之不再出现。

根据强化理论，一旦人们做出了预期的行为，就应当给予强化。对预期行为的强化告诉人们该行为是重要的。终止对某一行为的强化会使人们认为该行为已不再重要。当人们采取了某种理想的行为而受到奖励时，他们最有可能重复这种行为。奖励越是紧接着理想行为，对于行为的强化就越有效。如果某种行为没有受到奖励或者受到了惩罚，这种行为再次重复的可能性就会大大降低。

在实践中，管理者应当把重点放在积极强化而不是惩罚上。对于不期望的行为，采取自然消退的做法有时要比惩罚更有效。尽管惩罚措施消除不良行为的速度要比自然消退快，但其效果经常只是暂时性的，而且常常伴随着负面作用，如冲突、缺勤或辞职等。

九、案例赏析：海底捞的世界

海底捞餐饮有限责任公司是一家以经营川味火锅为主，集餐饮、火锅底料生产、连锁加盟、原料配送、技术开发于一体的民营企业。自 1994 年成立以来，该公司凭借自然朴实的服务、真诚热情的待客之道、“融合川人川味、蜀地蜀风”的文化特色，取得了迅速的发展，在竞争激烈的火锅餐饮行业取得了骄人的业绩。目前，公司已在北京、上海、西安、郑州、天津、南京、杭州、深圳等 21 个城市拥有 82 家直营店，拥有员工 19 000 余人，有四个大型现代化物流配送基地、一个底料生产基地和一个羊肉厂。

许多人去海底捞就餐，并不是因为它独特的口味．而是冲着它的服务去的。海底捞的服务颇具特色，从以下这些方面可见一斑。

1. 充满乐趣的等待

就餐排队通常会让顾客厌烦。而在海底捞，等待却充满了乐趣。当你在海底捞等待区等待的时候，热心的服务员会立即送上西瓜、橙子、苹果等各式水果，以及豆浆、柠檬水等饮料。这里还可打牌、下棋，免费上网冲浪，甚至免费修剪指甲、擦皮鞋。排队等位成了海底捞的特色和招牌之一。

2. 倡导节约的点菜服务

如果客人点菜的量过多，服务员会及时提醒。服务员还会主动提醒客人，各式食材都可以点半份，客人花同样的价钱可以享受到两倍种类的菜品。

3. 及时到位的席间服务

服务员在席间会主动为客人更换热毛巾，次数绝对在两次以上；会给长头发的女士提供橡皮筋、小发卡；给带手机的客人提供小塑料袋装手机以防进水，戴眼镜的朋友如果需要，还可免费送擦镜布；为就餐者提供的围裙更是一道靓丽的风景。

4. 儿童天地

带孩子上餐馆经常使父母感到两难，有时候淘气的孩子会破坏就餐的氛围，让原本美味的食物陡然间索然无味。为此，海底捞创建了儿童天地，让孩子们可以在这里尽情玩耍。服务员可免费带孩子玩，还可以帮忙给孩子喂饭，让父母安心吃饭。

5. 小恩惠

一般的餐馆在饭后会送上一个果盘。但在海底捞，如果你向服务员提出再送一个果盘的要求，他们会面带笑容地说没问题，随后立即从冰柜里拿出果盘奉送给你。

海底捞的这些服务细节并不难模仿，但其员工的热情和贴心服务却不是一朝一夕可以复制的。海底捞的管理层懂得，要支持这样的服务，并不能一味对员工提出要求，而是要做好员工工作，让员工愿意在这里干，觉得在这里工作有意义、有价值。海底捞视其服务员为“内部顾客”，并且认为让内部顾客满意是实现外部顾客满意的前提。海底捞倡导“双手改变命运”的价值观，为员工创建公平公正的工作环境，实施人性化和亲情化的管理模式。

为此，海底捞建立了一套完整的有特色的员工管理体系。

1. 轮岗和晋升

餐饮行业的大部分岗位都是单调的重复性劳动，长时间工作很容易产生厌倦感。为了最大限度地避免这种情况发生，让员工“快乐工作，微笑服务”，海底捞推行轮岗制。员工可以在工作组内比较自由地调换岗位，跨组岗位调换也经常进行，但要经过店面经理同意。

海底捞一直践行“平等主义”，从服务员到大区经理甚至副总经理，能者居之，任何人都有可能通过自己的努力成为管理者，不具备管理才能的人也可以凭着认真工作而成为“功勋员工”，收入与店长差不多。海底捞现任的高管团队都是从服务员一步步成长为管理者的，这些例子对普通员工形成了巨大的激励。

2. 薪酬与福利

海底捞实行薪酬领先战略，员工收入在同类企业中处于领先地位，整体比平均水平高出10%～20%。海底捞还给员工提供了比较丰厚的福利，主要包括员工保险、廉价员工集体公寓、免费的集体食堂、家政服务、每月的带薪假日、重大节日的公司礼品等。高级别员工还可以得到给父母的赡养金和给儿女的教育补助金，管理层定期进行员工家访。

海底捞员工可以住在市区居民楼而非地下室，还可以享受免费的家政服务。公司有专门的家政服务人员，负责员工宿舍的日常清扫以及员工衣服、床单、被褥的清洗等。辛苦一天的员工夜晚回到宿舍，不必再为洗衣物或床单而发愁，也不必再为整理宿舍而烦心；家政服务让他们也“享受”到被别人服务的感觉，感受到公司对自己的重视和自身的价值，有利于他们以一种平和、平等而非自卑、压抑的心态去为顾客服务。

3. 考核与奖惩

（1）考核。海底捞员工考核的指导思路是：正面激励为主，负面激励为辅；奖励为主，惩罚为辅，惩罚只是一种象征性手段。海底捞的考核方法主要是关键事件法，主管将员工的平时表现记录下来作为考核的依据，记录的内容包括：是否受到顾客的评价，评价内容如何，同事的评价，上级的评价。然后主管根据这些记录内容对员工进行粗线条的、不定期的考核。

（2）奖励。海底捞每个月评选一次先进员工，并发放奖金。海底捞的员工多数来自农村，他们面对城市生活的各种挑战，内心有志气，重视名誉，渴望得到他人的认可和尊重。“标兵”、“先进员工”、“优秀员工”这些称号对于他们而言或许比奖金更为重要，让他们感觉到公司对他们的认可和尊重，有效地激发了他们的工作热情和积极性。

海底捞专门设立了创新奖，奖金 10～1 000 元不等。创新奖主要通过每天一小时的午会制度来实现。所有员工，包括卫生间的保洁员在内，都平等地坐在一起。会议形式类似于头脑风暴，员工争相举手发言，把工作中存在的问题以及自己的解决方法都提出来。如果建议得到认可并付诸实施，则会获得创新奖。会议的主持人是店面经理，他可以叫出每个员工的名字，其中既有工作 10 年以上的老员工，也有进店不到 3 个月的新员工。会议气氛真诚热烈，让人感到大家都在齐心协力、全心全意地为海底捞的发展积极地贡献自己的智慧和力量。

（3）惩罚。员工在工作中出现失误，会受到通报批评。如果屡教不改连续出错，则会被处以一定数量的象征性罚款。但如果该员工之后表现有较大的进步，则会原额加利息返还。因此，海底捞的惩罚更倾向于一种象征意义上的提醒和警示。海底捞认为，过多的罚款不利于激励，会影响员工的工作积极性，而从轻惩罚既能起到警示的作用，又能维持一个较为和谐与积极的氛围。

这样的粗线条又不遗漏重点的考核、小额的象征性罚款、对员工精神层面的奖励、对创新的推动、每天领导与员工头脑风暴式的平等交流，促使海底捞形成了一种宽松的工作氛围和环境。

认可公司，快乐工作，用自然的、发自内心的微笑，将顾客当作亲友般照料，是海底捞实施一系列让员工满意的措施后的自然结果。海底捞把使员工满意的目标融合到整个企业经营管理的系统工程之中。然而，海底捞引以为傲的服务也不无隐忧。很多国外的快餐连锁企业都注重标准化的流程和制度，员工的所有动作都有详细的标准来控制，从而能做到所有店面的服务质量统一。而海底捞主要靠向店长和员工高度授权，由他们自己来决定如何提升顾客的满意度。在快速的扩张中，单靠店内师徒的传帮带和店员之间的相互感染，人员的成长速度就难以赶上新店开张的速度。此外，海底捞“大后台、小前台”的模式尚未完全建立，集中营销、服务的标准制度和培训、集中研发和供应链等后台领域相对还比较弱。如何在服务的标准化与创新方面取得平衡，海底捞仍在摸索之中。

10

我们应当测量什么？

——制定控制标准

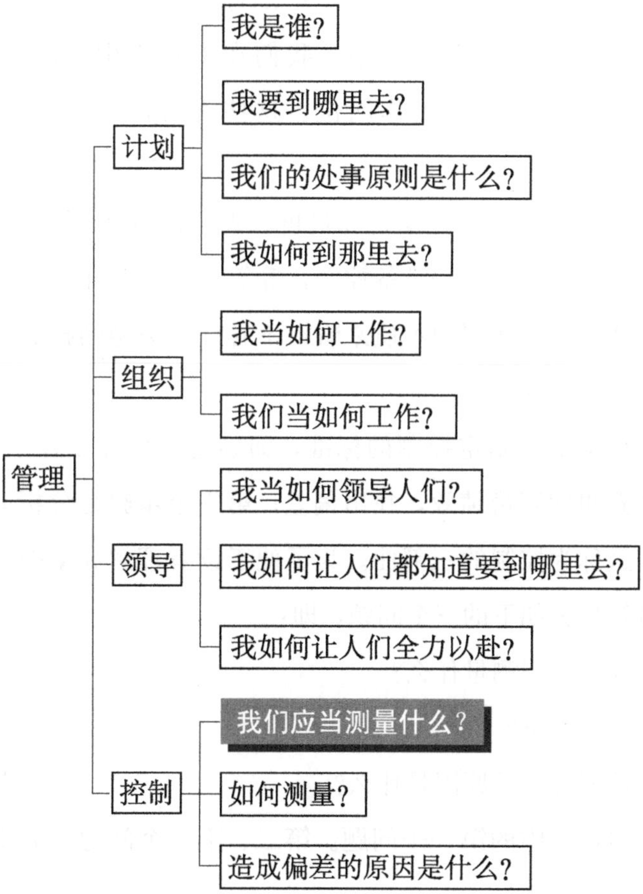

一个组织的运转离不开控制活动。外部环境在变化，内部条件也在变化，因此，实际执行结果与预期目标不一致难免就会出现偏差。管理者必须能够及时发现已经发生的偏差，并采取措施加以纠正，从而保证实现组织的预期目标。

控制就是使事情按计划进行，也就是纠偏。纠什么偏呢？纠正实际执行情况与所计划的理想状态之偏。具体来说，控制活动意味着按照一定的标准来衡量工作或活动的进展，纠正所发生的偏差，从而保证计划目标的实现。控制活动是使活动达到预期目标的保证。

控制也是日常生活中的常见现象。许多女孩子希望通过减肥得到一个漂亮的身材，那就要定期称称体重。高血压患者要时常量量血压以免身体出问题。我们在上班途中不时看表和调整车速以便能准时到达工作岗位。这些都可以看成是某种形式的控制。

控制有各种各样的类型，如进度控制、库存控制、出勤控制、现金流控制、质量控制、设备控制，等等。我们抛开这些控制的外在形式，抽象出其共同的本质来看，不管什么类型的控制，都是由以下的三个步骤构成的。

第一个步骤是制定控制的标准，即确定你用什么尺子来衡量；第二个步骤叫做测量绩效，找出偏差；第三个步骤是分析原因，采取措施。这称为控制的三部曲。为了便于读者理解和掌握，控制三部曲可以转化为如下的三个问题，即：

（1）我们应当测量什么？

（2）如何测量？

（3）造成偏差的原因是什么？

本章讨论其中的第一个问题。第二、第三个问题将分别在随后的两章讨论。

一、测量标准与测量

管理控制过程的第一步就是制定控制标准。这里所说的标准（norm），是指评定成效的测量指标或尺度。组织的所有测量指标综合在一起，就构成了一个绩效测量指标体系。许多组织所建立的KPI（key performance indicator）体系也属于绩效测量指标体系的范畴。

测量是控制职能中最主要的活动构成。有许多强调测量的重要性的格言，如“只有能够测量才能够管理”，“只有能够测量才能够改进”，或者，“没有测量就没有管理”，“没有测量就不能实现目标”，等等。测量有助于人们了解工作中的因果关系，从而使人们工作得更好。测量保证了我们的努力指向的是正确的方向。

测量当然很重要，但上述说法也并不是绝对的。作为全面质量管理的鼻祖，戴明一向强调测量的重要性，但他也曾经说过，真正重要的东西是测量不出来的。例如，登山爱好者喜欢爬山，围棋爱好者喜欢下棋，京剧的票友喜欢唱几句，并不是因为有人测量才如此。因为喜欢，所以喜欢！著名小说家村上春树同时也是个几十年如一日的长跑爱好者，按照他的说法：“长跑无关乎战胜别人。你唯一的对手就是自己，不涉及其他任何人，然而你会处于一种内在的斗争之中：我比上一次更强了吗？一次次地将自己推向使用极限，这就是跑步的精髓所在。”在组织的天平上是很难衡量出这种发自内心的热爱和追求的。

总的说来，对于测量的作用，我们既要重视，但又不应迷信。测量不是目的，而只是实现目标的手段。测量也不是万能的，忘掉了这一点，就有可能“只顾数金蛋而忘记了喂鹅”。

我们应当测量什么？这是个大问题，也是个大难题。管理实践中，这方面存在的问题不胜枚举。奶制品企业测量原奶的氮含量，得到了三聚氰胺；政府测量 GDP，得到了资源消耗、面子工程和环境污染；医院测量病床的入住率，得到的是医生篡改患者的检验结果；科研机构测量研究人员的论文数，却得到了成堆的学术垃圾。如果测量制度设计得有问题，人们的行为就会出现偏差，甚至会导致人们走火入魔。总体而言，组织在测量方面存在的问题主要表现在以下几方面：

（1）过于依赖财务或会计指标而忽略非财务指标；

（2）过于注重数量指标而忽视质量方面的指标；

（3）过度关注职能而忽略过程；

（4）对于知识性因素考虑不够；

（5）过于关注个人而忽略团队合作。

根据各类组织长期实践的经验，一个合理的测量指标体系应具有四个方面的特征，即与组织的战略和目标的一致性、均衡性、完整性和可控性。

1. 与组织的战略和目标的一致性

测量是为了保证组织目标的实现。测量指标的含义和内容必须与组织的战略和目标是一致的。如果希望通过测量来调整和引导人们的行为，那么所选择的指标就必须与组织的战略和目标相一致。

但是在现实中，有些组织甚至还没有明确的、取得共识的战略，也就谈不上与战略相协调的绩效指标。有些组织建立了整体的战略，却不能将其分解为一套协调一致的测量指标。在这种情况下，人们自行建立的绩效指标未必能保证与组织的总体战略和目标相一致，因而他们的努力有可能是无效的，甚至可能损害组织的整体绩效。

2. 均衡性

飞行员在驾驶飞机的过程中，要保证航向正确、飞行安全，就必须随时关注仪表盘上显示的各种数据：高度、速度、油量、气压等。飞行员通过其驾驶行为控制飞机，使得这些数据之间保持均衡的关系，从而保证正常飞行。同样的道理，在现实的管理实践中，对于活动成效（工作绩效）的测量也需要从多个方面综合地进行，指标必须均衡、全面，例如，既要有财务指标，也要有非财务指标；既要重视数量指标，也要重视质量指标；既要关注职能，也应关注过程，等等。

但是，需要注意的是，测量指标并非越多越好，也不是越多越能够保证均衡性。指标数量的增加会降低其边际效益，在有些情况下过多的指标反而会引起负面的效果。测量是要花钱的，数据的收集和处理都需要费用。另一方面，研究表明，人们只能对有限的信息加以理解和做出反应，从而只会认真对待有限的指标。

3. 完整性

绩效指标的完整性，是指指标能够全面反映测量对象（一个企业、一个部门、一个小组或个人）绩效状况的程度。缺乏完整性的指标只能反映出测量对象的局部的活动及其影响，而未被衡量的方面就有可能得不到重视。缺乏完整性的指标使人们不能全面认识自身决策和行动的影响，从而导致次优化的决策。指标缺乏完整性也会使人们“愚弄”系统，采取更有利于改进局部指标的行动，而不是追求真正的长期价值。例如，“每年开发新产品的数量”这个指标就无法全面地衡量一个研发部门的绩效。为了达到这个指标的要求，该部门可能会过度追求开发新产品的数量，而不在乎新产品是否能够真正成功。

绩效指标体系缺乏完整性，是教育机构、研究机构等以知识型员工为主的组织在管理上存在的普遍问题。例如，在很多的这类机构中，“论文篇数”、“承担项目数”等几个极为简单的指标成了衡量成功与否的绝对标准。人们计算精巧，有利便做，无利则避。套用北京大学钱理群教授的说法，这种制度催生出了一大批“绝对的、精致的利己主义者”。

4. 可控性

测量某个部门的指标如果只受到该部门可控制因素的影响，这样的绩效指标就具有可控性，它对该部门绩效的反映就是可靠的。但是在很多情况下，这种理想状态往往难以实现。例如，销售人员的销售业绩与其努力程度有关系，但也受到市场多种因素的影响，而市场中的多种因素是销售人员无法控制的。测量指标受到的外部因素影响越大，人们的努力就越容易被这些不可控力量所抵消，这些指标所反映出的绩效状况与该部门的努力之间的关联性就会越差。理论上讲，对人们的衡量只应针对他们所能控制的部分，但是，要确定绩效的某个方面是否可控并非易事，绩效指标的完整性和可控性之间经常存在矛盾。另外，不同工作之间的依存度越高，各自独立的绩效就越难以衡量。

总的来讲，在设计测量指标体系的时候应该注意从上述四个方面来把握。但是要同时满足这四个方面的要求，在实际当中确实是有难度的。对于这几方面的要求，有时就必须进行权衡。

二、平衡计分卡

平衡计分卡（balanced scorecard）是一种十分流行的绩效测量指标体系的设计思路，近年来在企业界得到了广泛的应用。这一概念最早是由罗伯特・S・卡普兰（Robert S. Kaplan）和戴维・诺顿（David Norton）提出的，它主张必须用一套“平衡的”（balanced）指标体系来要求组织，以便使之健康地发展，因为任何单一的测量指标都难以反映出组织的绩效全貌。平衡计分卡是由财务、顾客、内部过程以及学习与成长这四类指标构成的一个体系，如图 10—1 所示。这种平衡计分卡模型颇有独到之处。

1. 平衡计分卡的特性

平衡计分卡将企业的绩效状况综合地反映在了一份单一的文档上，使得管理者能够一目了然地理解和把握企业的经营管理状况；平衡计分卡本身十分简洁，但它与企业的信息系统相联系，可以进一步查询细节；更为重要的是，平衡计分卡中的绩效指标来自组织的愿景和战略。确定绩效指标的过程是一种系统的、演绎性的努力，

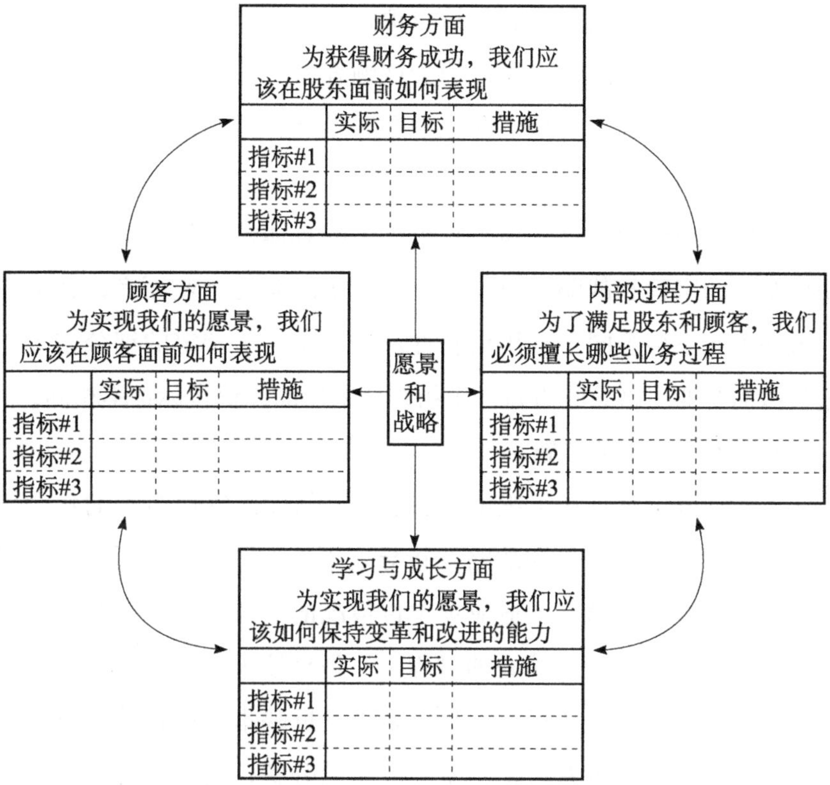

图 10—1　平衡计分卡示意图

其出发点是组织所追求的目标以及实现目标的关键手段，而不是企业现有的绩效指标。这意味着平衡计分卡方法的导入常常会要求确立目前尚不存在的绩效指标。

平衡计分卡的四类指标之间存在一定的逻辑关系。财务方面的指标关注的是股东的利益，即公司是否取得了令人满意的投资回报，是否为股东创造了价值。这是一个企业能否存在下去的前提。但如果只看财务指标，人们有可能会不择手段。君子爱财取之有道，企业在财务方面的成功取决于它能否为顾客创造价值，从而顾客满意与否成为财务成功的前提。顾客满意要建立在内部效率的基础上，必须确保内部的各个关键过程表现良好，所以第三个方面的指标是内部效率指标。只有在有效的内部过程的基础上，才能将为顾客创造价值转化为股东的价值。另外，为顾客创造价值必须是持久的。

企业仅仅今天能做到为顾客创造价值还远远不够，还必须有长远发展的能力。为了保证企业明天仍会被顾客欣赏并保持资源的有效利用，组织及其员工就必须不断地学习和发展。因而就必须对组织在创新、学习与成长方面提出要求。

这四类指标的内容必须与每个组织的具体情况相适应，必须体现出组织的宗旨和战略。对于遵循低成本战略的企业而言，其关键的成功因素不会等同于利用创新性产品为某一个特定的细分市场创造价值的企业。这意味着每一个组织所采用的评价指标各不相同。

2. 平衡计分卡的实施

平衡计分卡可以在组织中层层展开，从而能够使组织的各个部门的管理置于总体愿景和战略的指导之下，如图 10—2 所示。通过这种展开，各部门确立了适应本单位情况的绩效指标。平衡计分卡的展开一般涉及两个相关联的过程，一是直接采用有关整体战略的指标和本单位适用的指标，二是重新设计反映本单位特殊需要的指标。平衡计分卡意味着对于愿景和战略的分解，它可以一直分解到每个管理者头上，管理者可以依据评分卡四个方面的要求来设定自己的个人目标，使之反映本单位战略的要求。

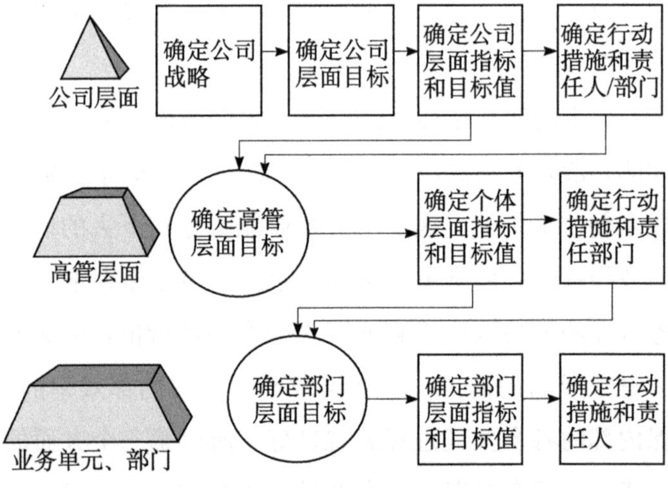

图 10—2 平衡计分卡在各组织层级中展开

从图 10—2 中可以看出，总公司借助平衡计分卡，可以看到公司整体各个方面做得怎么样。事业部的平衡计分卡可以反映出一个事业部各方面的表现。每一个业务部门也各有自己的计分卡。通过逐层分解，最终做到使每一个个人的目标与公司整体战略目标联系起来，并保持一致。这个展开的过程应当是由上至下，而不应由下层各单位、各部门的指标加起来构成上一层的指标。这里的道理很简单，只有头指挥脚，不可能由脚来指挥脑袋。

借助平衡计分卡这样的工具，孙子兵法中的“上下同欲者胜”的理念转化成了具有高度可操作性的一套技术。

三、卓越绩效准则

卓越绩效准则是由美国国家质量奖和欧洲质量奖等著名质量奖项所体现的一套综合的管理模式，是一套标准化的全面质量管理实施办法。在吸收各国的经验并结合我国企业的实践的基础上，我国于 2004 年 8 月正式发布了国家标准 GB/T 19580-2004《卓越绩效评价准则》，此后又于 2012 年 3 月发布了该标准的修订版。

1. “卓越绩效”的由来与实质

在有关卓越绩效的各种模式中，美国马尔科姆·鲍德里奇国家质量奖最具代表性。20 世纪 80 年代，在强大的竞争压力下，美国的工商企业界对于质量活动表现出了与日俱增的兴趣，许多有识之士都主张，通过设立国家质量奖来促进美国公司的质量活动，这当然是受到了日本的做法的启示。1987 年 1 月 6 日，美国通过了马尔科姆·鲍德里奇国家质量改进法案，规定了马尔科姆·鲍德里奇国家质量奖计划的设立。其第一步便是建立一套评价标准，即卓越绩效准则（Criteria for Performance Excellence）。由这套准则所体现的管理模式便被称为卓越绩效模式。步其后尘，欧洲质量奖于 1992 年诞生。由于在提升各国的竞争力方面所表现出的突出效果，这种做法逐渐在全世界蔓延开来。现在这些准则已经成为企业经营管理的事实上的国际标准。

就其实质而言，卓越绩效准则是全面质量管理（TQM）的一种实施细则，是对以往的全面质量管理实践的标准化、条理化和具体化。“卓越绩效”这四个字已不再只是其字面上的简单含义，而成了一个特定的术语，亦即“一种综合的组织绩效管理方式”（美国国家标准和技术研究院的定义）。

卓越绩效准则为各类组织实施TQM提供了一种更加有效的手段。如果用农业上的灌溉术语来类比，可以认为传统的推行TQM的方式是一种“漫灌”的方式，声势很大，但效果未必令人满意，通过卓越绩效准则来实施TQM的方式则是一种“滴灌”的方式，每一分努力都被输送到了最需要的地方。

2. 卓越绩效模式的基本构成

在卓越绩效模式的知识体系中，最核心的是一套价值观和一套评价准则，分别体现了卓越绩效模式的“道”和“术”两个层次。下面依据美国国家质量奖2013—2014年的卓越绩效准则对卓越绩效模式的基本构成做一简要说明。

从“道”的角度来看，卓越绩效准则是一套相互关联的价值观的载体。如果把这套评价准则看成是一个注射器，其所承载的这些价值观便是治病救人、强身壮体的“灵丹妙药”。卓越绩效模式的价值观共有11项，分别为：

（1）前瞻性领导；

（2）顾客驱动的卓越；

（3）组织的和个人的学习；

（4）重视员工和合作伙伴；

（5）敏捷性；

（6）注重未来；

（7）促进创新的管理；

（8）基于事实的管理；

（9）社会责任；

（10）注重结果和创造价值；

（11）系统的视野。

就“术”的角度而言，卓越绩效准则是由总分值为1 000分的七个类目的“要求”构成的一套评价准则，这七个类目分别是领导，战略计划，顾客，测量、分析和知识管理，员工，运营，结果。这七个方面的内在联系如图10—3所示。

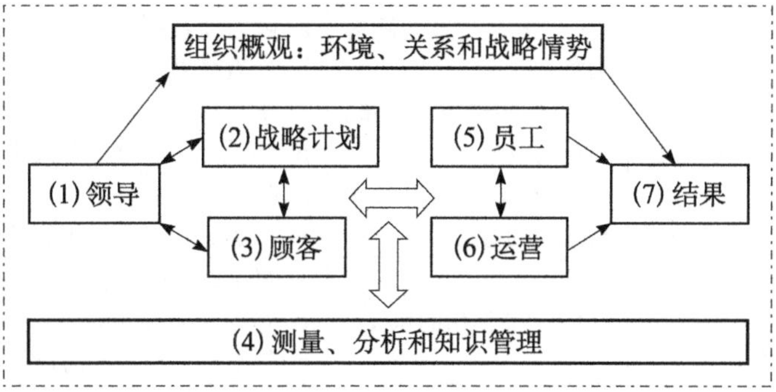

图10—3 卓越绩效准则的框架

其中的领导、战略计划以及顾客代表着领导的三要素。这几个方面放在一起旨在强调聚焦于战略和顾客的领导的重要性。员工、运营和结果代表着结果的三要素。组织产出结果的工作是由组织的成员和伙伴通过其关键过程来实现的。组织所有的行动都指向结果，这里的结果是由顾客方面的结果、财务的以及非财务的结果所构成的一个综合体，其中还包括了人力资源和社会责任方面的结果。测量、分析和知识管理则构成了组织绩效管理系统的基础。

卓越绩效准则的七个类目又可以进一步细分为18个条目。每个条目中又包括了一个或多个要点，其构成如表10—1所示：

表 10—1　　2013—2014 年卓越绩效准则的结构

类目	条目	着重方面
1. 领导	1.1　高层领导	a. 愿景与价值观 b. 沟通与组织绩效 c. 组织绩效的评审
	1.2　治理与社会责任	a. 组织治理 b. 守法重德的行为 c. 对关键社会共同体的支持
2. 战略计划	2.1　战略制定	a. 战略制定过程 b. 战略目标
	2.2　战略展开	a. 行动计划的制定与展开 b. 绩效预测
3. 顾客与市场	3.1　对顾客与市场的了解	a. 对顾客与市场的了解
	3.2　顾客关系与顾客满意	a. 顾客关系的建立 b. 顾客满意的确定
4. 测量、分析与知识管理	4.1　组织绩效的测量、分析与改进	a. 绩效测量 b. 绩效分析、评审和改进
	4.2　信息、信息技术与知识的管理	a. 信息资源的管理 b. 数据、信息和知识管理
5. 员工队伍	5.1　员工队伍的积极性	a. 员工队伍的建设 b. 员工和领导者的培养 c. 员工队伍积极性的评价
	5.2　员工队伍的环境	a. 员工队伍的类型和数量 b. 工作环境
6. 过程管理	6.1　工作系统设计	a. 核心能力 b. 工作过程设计 c. 紧急情况应对
	6.2　工作过程管理与改进	a. 工作过程管理 b. 工作过程改进
7. 结果	7.1　产品与服务结果	a. 产品与服务结果
	7.2　顾客结果	a. 顾客结果
	7.3　财务与市场结果	a. 财务与市场结果
	7.4　员工队伍结果	a. 员工队伍结果
	7.5　过程有效性结果	a. 过程有效性结果
	7.6　领导结果	a. 领导和社会责任结果

多年来人们对于 TQM 的认识可以说是“横看成岭侧成峰，远近高低各不同”，这种状况大大影响了开展 TQM 的有效性。卓越绩效准则如此具体、详尽地勾勒出了 TQM 的轮廓，从而为人们更加

有效地开展 TQM 提供了指南和依据。

3. 卓越绩效准则的作用与用法

卓越绩效准则的作用可以从以下四个方面来理解。

首先，卓越绩效准则是将 TQM 的理念注入组织的一种有效手段。卓越绩效准则犹如一个注射器，承载了以 11 项价值观为主要内容的 TQM 的核心理念。在实施准则的过程中，这些理念同时也被注入到了组织的机体中，渗透到组织成员的思想和行为中。

其次，卓越绩效评价准则为指导组织的计划工作提供了一种框架。它是一种卓越绩效的设计图，为组织勾勒出了必须重视的各个主要方面。套用人们熟知的“木桶原理”来讲，组织的竞争力犹如盛放在由卓越绩效准则的七个类目为“木板”所构成的一个“木桶”中，组织要保持高的竞争力，这一木桶的每一块“板子”都必须足够长，而且各块板子之间必须严丝合缝。

再次，它是使企业以及其他各种组织认清现状、发现长处、找出不足并知己知彼的一个听诊器或诊疗仪。它有助于人们认清自身的强弱，使人们能够明确相对于他人的位置，了解需要改进的领域以及实施改进的效果。

最后，它还是在组织的管理中驾驭复杂性的一个仪表盘。组织是一个复杂的系统，其管理必须有一个系统的思路。头痛医头、脚痛医脚是非常原始的管理方式。卓越绩效准则有助于实现管理的重点突出与全面兼顾的结合，有利于正确地评价和引导组织中的各个部门和全体成员的行为，从而使得管理层的努力能够真正引导组织朝着成功的正确方向迈进。

利用诸如卓越绩效准则之类的公认绩效准则，以外部认证或内部自我评价的方式，来评价组织的绩效状况并采取相应的改进行动，日益成为一种常规的管理惯行。管理教育领域中的 EQUIS 认证（欧洲管理发展基金会的高等管理教育机构质量评价体系认证）、AACSB 认证（美国国际高等商学院协会的管理体系认证），由美国犹他州立大学商学院举办的 SHINGO 卓越运营奖等，都属于同类的做法。

四、案例赏析：TCL 的“钻石模型”

在向国际化经营的跨国企业转型的过程中，TCL 遭遇了种种危机和困难，付出了巨大的代价。为了在变化中明确发展的方向，找准变革的切入点，2006 年 4 月，时任 TCL 副总裁的薄连明提出了表征 TCL 全景管理模式的“钻石模型”。

钻石模型看起来非常简单，它由三角形构成，三个顶点分别代表政治、经济和文化。它们又延伸出九个要素，企业政治包括治理结构、利益机制和权力分配；企业经济包括战略、商业模式和流程；企业文化包括企业的愿景和使命、核心价值观和行为规范。这九个要素之间相互影响和连接，把它们连接起来，形状像一个钻石，如图 10—4 所示。

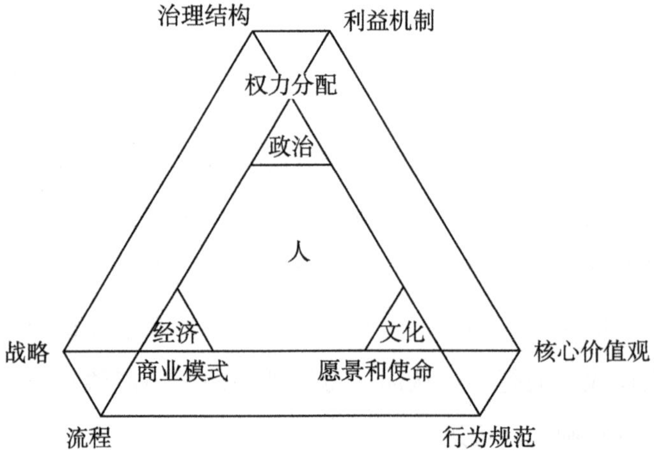

图 10—4 TCL 的钻石模型

运用这个模型进行结构化的分析，可以清晰地解释 TCL 在国内市场的高速增长和国际化过程中遭遇的挫折。

从 1997 年到 2004 年，TCL 每年都保持着超过 40%的复合增长率，造就了连续 20 多年高成长的辉煌，曾经被业界评价为“超常企业”。顺利的发展得益于从政治、经济和文化的配比上，各个要素设计得都非常有效。TCL 率先解决了治理结构和利益机制的问题，国有股份的比例在保值增值的前提下不断缩小，解决了长效机制问题；同时选择了较好的企业战略和模式。1996 年，TCL 进军彩电业时采用的是“先店后厂”的方式，先做销售，积累客户和资源，市场做到足够大时才收购工厂，有了自己的制造基地；另外，创业时期所倡导的企业家精神，让 TCL 积累了敢于冒险与创新的文化。

2006 年 5 月，在薄连明的主持下，TCL 高管团队运用钻石模型，对企业在政治、经济、文化三个维度以及三个维度之间的匹配度进行了分析评估。每个维度包含 10 个项目，每个项目以 10 分为满分。部分问题和得分结果如下：

TCL 在三个维度的评估结果

政治维度：61 分

- 公司对于委托人和代理人之间是否做了合理的安排？9 分
- 公司治理结构是否完善并且分工明确？8 分
- 母子公司管控模式是否有效？4 分
- 公司是否设计了长期有效的激励和约束机制？4 分

…………

经济维度：62 分

- 公司是否有明确的长期战略计划？8 分
- 公司商业模式是否清晰明了？7 分
- 国际化战略的信息传递是否有效？5 分
- 各项作业是否和战略相关？5 分

…………

文化维度：56 分

- 公司是否有清晰明确的愿景？5 分
- 员工对于这个愿景有清晰的认识吗？4 分

> ● 员工是否清楚自己的使命且付诸实施？4 分
>
> …………
>
> **匹配度：53 分**
>
> ● 公司是否有有效的制度和流程保证核心价值观的执行？5 分
>
> ● 公司是否真正有战略推演和检讨的机制？5 分
>
> ● 公司是否主动推动文化变革以适应战略发展和治理变化的需要？5 分
>
> …………

除了在政治、经济和文化这三个维度进行评估，TCL 的高管们又评估了这三者之间的结构配比度。因为钻石模型不仅强调三个维度各自的内容，而且强调它们之间的关联和结构，这种关联和结构必须合理。

分析结果表明，三个要素中得分最低的是文化。尽管企业在不断谈文化，但文化的核心内容和企业核心价值观都不明确。TCL 以往 25 年的成功，也使公司内部长期以来形成了小团体主义诸侯文化，在国际化进程中，愿景不清晰，沟通不到位，核心价值观又没有得到有效的贯彻。

在一次研讨会上，当被问及 TCL 文化变革的历程时，薄连明说："当时在评估当中，我们认为 TCL 是有共同愿景的，而实际上诊断下来却没有。所以第一阶段是主持 TOP20 开了一个专门的企业文化推演会，来推演我们的企业文化到底是什么样的。那一次会议当中我们正式把共同愿景梳理出来。我们把愿景理清之后，然后用一系列的活动来宣导贯穿。6 月得出我们的愿景和核心价值观，7 月组织 TOP150 到延安进行拓展训练。我们进行了三天四夜的拓展训练，重走南泥湾。8 月又进行了万人的企业文化变革实施大会，进行全面的变革动员。10 月把文化转化为培训工程。第一步是凝聚愿景、沟通共识，第二步是重导共识，第三步有很多的改善项目，取得了短期效果，短期效果取得之后不断地表扬和沉淀，是这样一步一步来的。”

通过应用钻石模型，TCL找到了问题的根源以及解决问题的突破口。

2009年，TCL内部再一次用钻石模型进行测试。经过整体变革，TCL在政治、经济、文化三个维度，以及三者的配比度上都有显著的进步。政治维度得分从61分提高到82分，经济维度得分从62分提高到80分，文化维度进步更多，得分从56分提高到83分，结构配比度得分从53分提高到83分。

11

如何测量？

——测量方法

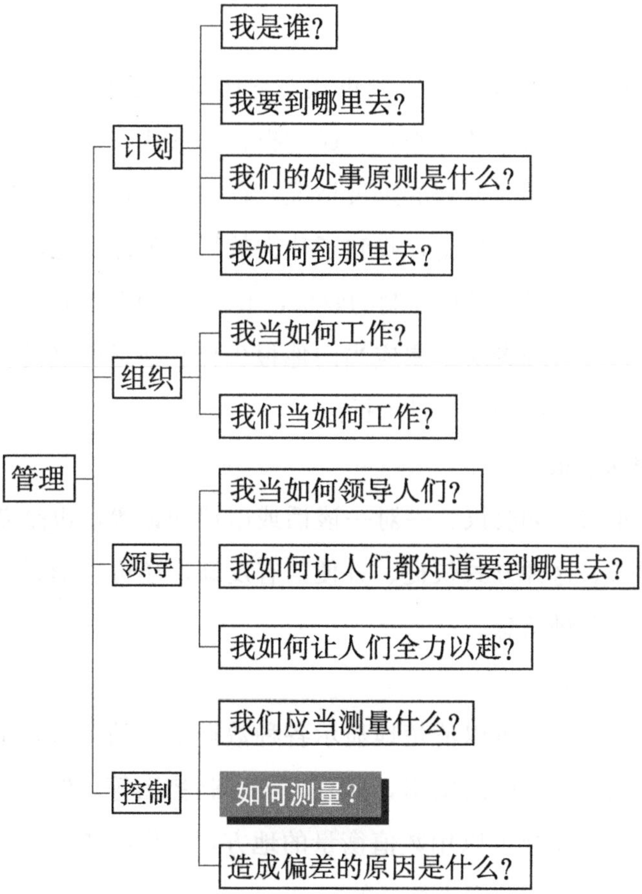
管理
计划
我是谁？
我要到哪里去？
我们的处事原则是什么？
我如何到那里去？
组织
我当如何工作？
我们当如何工作？
领导
我当如何领导人们？
我如何让人们都知道要到哪里去？
我如何让人们全力以赴？
控制
我们应当测量什么？
如何测量？
造成偏差的原因是什么？

有了测量标准，如何测量也是一个大问题。企业活动是复杂的，测量活动也是需要智慧的。这里实际上包括了两个小步骤：一是测定实际工作绩效；二是将实际绩效与标准进行比较。

一、测定实际工作绩效

控制既然是为了纠正实际工作结果与标准要求之间的偏差，就必须首先掌握工作实际情况。管理者在衡量实际工作绩效时，通常可以采取书面报告、口头汇报、统计报告和个人观察等方式，这些方式各有优缺点。将它们结合起来使用，可以大大增加信息来源的渠道，并提高信息的可信程度。

1. 书面报告

书面报告的方式显得比较正式，它比口头汇报的形式更精确、更全面，也更容易存档和查找。通过报告的形式，执行者向主管上级全面、系统地阐述计划的进展情况，存在的问题及造成问题的原因，已经采取了哪些措施，收到了什么效果，预计可能出现的问题等。通常，运用报告进行控制的效果，取决于管理者对报告的要求。现实中，许多管理者对下属应当向他报告什么缺乏明确的要求，导致依据报告的控制的效果打了折扣。

2. 口头汇报

口头汇报，如会议、一对一谈话或电话交谈等，也是获取信息的重要形式。这种方式快捷、方便，有反馈，还可以通过语气、表情等来传递各种信息。

3. 统计报告

统计数据报告可以清楚地显示各种数据之间的关系，不仅有文字，还包括各种各样的图形，如直方图、趋势图等。但是，统计数据反映的只是少数可以用数值衡量的地方，工作中还有大量的重要因素常常是无法用数据来衡量的。

4. 个人观察

个人观察的方式有助于获取关于实际工作情况的第一手资料，这样获取的信息未经过滤，可以观察到很多细微的情况。当然，个人观察也存在一些缺点，如个人的偏见、耗费时间、或许会被员工视为对他们缺乏信心或不信任。

现场视察也许算得上是一种最经典、最直接的控制方法。基层的管理者通过视察，可以判断出产量、质量的完成情况，设备的运转情况，以及劳动纪律的执行情况等；职能部门的管理者通过视察，可以了解到工艺文件是否得到了认真贯彻，生产计划是否按预定进度执行，各项规章制度是否被严格遵守，以及生产过程中存在哪些偏差和隐患等；高层管理者通过视察，可以了解组织的方针、目标和政策是否得到贯彻，职能部门的情况报告是否属实，以及员工的合理化建议是否得到认真对待，还可以从与员工的交谈中了解他们的情绪和士气等。这些都是仅凭正式的报告难以掌握的第一手信息。

视察的优点并不限于掌握第一手信息，它还能够使组织的管理者保持和不断更新自己对组织的感觉，使他们察觉到事情是否进展顺利以及组织是否运转正常。即使是计算机化的现代管理信息系统提供的实时信息也代替不了管理者的亲身感受、亲自了解。另一方面，人是组织中最重要的资源，通过面对面的交往更有助于向员工传达关心、理解和信任，亲自视察具有激励的作用。视察还能够使高层管理者发现人才，并从下属的建议中获得启发和灵感。

5. 走动式管理

在管理实践中有一种颇受推崇的管理方式称为走动式管理（management by wandering around，MBWA)。这是指高层管理者经常抽空前往各个工作现场走动，以搜集第一手信息、获取直接感受、把握实际情况的管理方式。走动式管理的概念源于美国的 T. J. 彼得斯(T. J. Peters) 与 R. H. 瓦特门（R. H. Waterman，Jr.）在 1982 年出版的《追求卓越》一书。书中提到，那些卓越企业的高层主管不是整天待在豪华办公室中等候下属报告，而是在日理万机之余，仍能经常到各个现场或部门走动。该书作者因此建议，高层主管应该至少有一半以上的时间要走出办公室，实际了解员工的工作状况，并给他们加油打气。

许多著名的企业家、经理人都践行了走动式管理的做法。

麦当劳的创始人雷·克罗克被企业界誉为“麦当劳帝国之王”。克罗克不喜欢坐在办公室里发号施令，而是喜欢经常到各公司、部门、分店“走动走动”。通过到各公司、各部门进行实地考察，他会从中发现很多问题，然后及时加以解决。

沃尔玛公司的山姆·沃尔顿每周的大部分时间都在沃尔玛的各个分店之间穿梭。他喜欢跟顾客和员工面对面地交流。当沃尔玛成长为巨无霸企业后，山姆不惜自己驾驶飞机巡视，后来又投巨资建立了全球卫星网络系统，保证每周都要让每一个沃尔玛员工看到他的音容笑貌。

杰克韦尔奇在领导GE的生涯中，经常喜欢“深潜”，与员工们一起工作，一起思考，一起兴奋，一起展开激烈的辩论。韦尔奇在获得大量鲜活思想的同时，也得到了极大的满足和乐趣。通过一次次深潜，韦尔奇识别提拔了一大批人才，捕捉把握了一系列商机。

日本的士光敏夫接管东芝电器公司时，东芝的生产每况愈下。士光敏夫上任后，每天巡视工厂，遍访东芝的工厂和企业，与员工一起吃饭，闲话家常。清晨，他总比别人早到半小时，站在厂门口，向工人问好。这种做法有效促进了沟通，大大提振了员工的士气。

二、将实际结果与控制标准比较

测量到实际工作结果后，就可以将之与控制标准进行比较，确定有无偏差及偏差大小。通过偏差的确定，就可以发现计划执行中的问题。

并非所有偏离标准的情况均需作为“问题”来处理。偏差是在所难免的，我们还必须确定一个可以接受的偏差范围。在这个范围内，即便实际结果与标准之间有差距，也被认为是正常的。如果计划执行中没有偏差，或偏差在规定的范围内，则该控制过程暂告完成。若执行中出现了不能容许的偏差，则控制过程进入第三阶段。

张华是一家全国性的服务型公司的运营副总裁。他每个月都要对各分公司的顾客满意度进行考核，如果发现有分公司的顾客满意度指标比上个月有明显下降，他就会马上致电分公司经理询问什么地方出了问题，并要求采取行动提高下个月的满意度。当公司的顾客满意度平均得分从2月的65%降到3月的60%时，张华给下属经理发去了e-mail：

“坏消息！满意度下降了5个百分点！我们必须马上采取行动！我们必须给顾客提供更好的服务。我们还必须为服务质量的下降承担责任。本月各分公司经理的奖金也要随之降低5%。当然，如果下个月的服务质量提高了，肯定也会有相应的奖励！”

问题真的很糟糕吗？事实是，上个月65%，这个月60%，这种简单的对比根本说明不了任何问题。可以肯定的只是，这位经理所采取的措施是很糟糕的。

对于一个系统而言，其输出存在一定的变异或波动是不可避免的。根据变异的特点和表现形式，可以将之区分为两种主要类型：即正常变异和异常变异。前者是由大量微小的、偶然的原因造成的波动，具有一定的随机性，也称随机变异，造成这类变异的原因称为一般性原因，主要受一般性原因作用的系统就是一个稳定的或受控的系统；后者是由系统性原因引起的系统误差造成的变异，这类系统性的原因称为特殊原因。

对于这两类变异应采取不同的对策。对于由系统性原因引起的变异应当查明原因，坚决消除；由随机因素引起的正常变异是多种影响因素综合作用的结果，作为眼前措施是将之控制在一个可接受的范围内，而从长远来看，可以通过持续的改进，将变异降到更低的水平。

如果不理解上述两类原因的区别，管理者就有可能会犯两种根本性的错误：

（1）把由一般性原因引起的问题当作由特殊性原因引起的问题来处理。这种情况下，就会人为地去干预一个稳定的系统，反而会增加系统的变异，这是一种“瞎调整”。

（2）把由特殊性原因引起的问题归因于一般性原因，错失消除特殊性原因从而减少变异的机会。

测量的心理效应

测量具有强大的心理效应。很多时候，就算不采取任何后续手段，测量本身就足以引起人们行为的改变。你测量什么人们就会重视什么。

即使对于难以测量的知识性的工作，通过采取富有创造性的测量方式，也能够促使知识工作者更加努力。一家研究所的领导在这方面的工作颇有创意。诸如研究所这样的单位很难用一个简单的定量指标来进行测量，但这个研究所的领导很高明，他只是把各部门每个月、每季度所做的事情张榜公布而已。仅这个张榜公布，就使得人们很努力。这里反映出的也是测量所具有的心理效应。所以，对于你重视的东西、你追求的东西，要通过定期的测量来强化人们的行为。

三、案例赏析：丽思卡尔顿酒店

丽思卡尔顿酒店公司（The Ritz-Carlton Hotel Company）隶属于酒店业巨头万豪国际集团（位于马里兰州贝塞斯达），是世界知名的高端酒店品牌，从 1983 年购买波士顿丽思卡尔顿酒店及丽思卡尔顿名称的冠名权开始，已经从最初的一家酒店成长为在全球拥有 81 家酒店的大企业，分布于全球的 27 个国家和地区，拥有38 000多名员工。其创始人西泽·丽思（Cesar Ritz）被爱德华七世誉为“国王的酒店老板，酒店老板之国王”。因为丽思酒店，“Ritzy”这个词已成为高雅和精致的同义词。

1982 年，霍斯特·H·舒尔策（Horst H. Schulze）告别了其在凯悦酒店集团颇为成功的事业加入了丽思卡尔顿，成为公司的主要领导人之一。当时的丽思卡尔顿没有酒店，拥有的只是一个建立无可匹敌的酒店公司的梦想。舒尔策早年在一家德国高级餐厅做服务生时就树立了一条个人座右铭，即做“服务于绅士、淑女之绅士、淑女”。后来，这条座右铭成为丽思卡尔顿酒店公司经营哲学的主要内容。凭借卓越的服务、管理以及对于质量的不懈追求，丽思卡尔顿酒店公司获得了服务业和权威消费者组织颁发的无数个大奖，是第一个也是唯一一个两次荣获美国国家质量奖的酒店集团。

1. 黄金标准

在舒尔策的领导下，丽思卡尔顿建立了其著名的“黄金标准”(gold standard)。这一标准是整个组织活动和决策的指南，尤其是在员工提供服务过程中时常会遇到不确定性因素的情况下。起初的黄金标准主要由服务三步骤、座右铭、信条和 20 条基本原则（见表 11—1）构成。舒尔策通过这些东西与丽思卡尔顿公司的绅士淑女们分享他的信仰，并激励人们把梦想变成现实。

丽思卡尔顿的信条明确了对于内部和外部客人的承诺。1998 年丽思卡尔顿又推出了“员工承诺”(the employee promise)（见表 11—2），为创造员工的工作环境提供了参考标准和指导，同时也提醒人们要对自己的“绅士和淑女们”履行与外部宾客同样的承诺。

2006 年 6 月，丽思卡尔顿公司又对原来的 20 条基本原则进行了修改，改成了 12 条服务信念（service values）（见表 11—3），旨在激发全球员工的热情，从而更好地为宾客服务。

表 11—1　　　　丽思卡尔顿酒店公司的“黄金标准”

服务三步骤	座右铭	信条
(1) 热情诚挚的问候。称呼客人的姓名。 (2) 预见和满足每一位客人的需要。 (3) 愉快地告别。热情地道声再见并称呼客人的姓名。	“我们是服务于绅士、淑女之绅士、淑女。”	(1) 丽思卡尔顿酒店以真诚关怀和客人舒适为最高使命。 (2) 我们承诺将提供最好的个人化的服务和设施，让客人尽享温馨、惬意而又优雅的环境。 (3) 丽思卡尔顿酒店的体验将使客人感到身心舒畅、幸福快乐，酒店甚至要满足客人未言明的愿望和需要。

丽思卡尔顿基本原则
(1) 所有员工应领会和坚持我们的信条，并以之激励自己。 (2) 我们的座右铭是：“我们是服务于绅士、淑女之绅士、淑女。”我们实施团队合作和横向服务，以创造一个积极的工作环境。 (3) 每个员工应执行服务三步骤。 (4) 所有员工都应顺利取得培训证书以确保他们清楚怎样在自己的岗位上落实丽思卡尔顿的标准。 (5) 每个员工都应清楚战略计划中所确立的他们工作领域的目标以及酒店的目标。 (6) 所有员工都应了解他们的内外部顾客（客人和员工）的需要，以使我们能够为顾客提供他们所期望的产品和服务。使用顾客偏好簿来记录特殊的需要。 (7) 每个员工都应持续地去发现整个酒店范围内的缺陷。 (8) 任何员工，一旦接收到顾客的抱怨，他都将“拥有”这个抱怨。 (9) 人人都能保证即刻安抚客人。迅速反应，马上解决问题。在 20 分钟内打电话追踪，确认该问题已得到令顾客满意的解决。做你能够做的任何事情以避免失去一位客人。 (10) 客人事件行动表用来记录和沟通每一个令客人不满的事件。每个员工都有权解决问题并防止其再次发生。 (11) 无以复加的整洁是每个员工的责任。 (12)“微笑——我们是在舞台上。”总是保持积极的目光交流。对我们的客人使用适当的词语。(“早上好”、“当然”、“我很高兴”、“我的荣幸”。) (13) 在工作场所内外成为酒店的大使。永远使用正面的语言，避免负面的评价。 (14) 陪同客人，而不只是向其指明酒店另一区域的方向。 (15) 熟知酒店信息（营业时间等）以回答顾客询问。总是优先推荐店内的零售、就餐、饮料等设施，而不是外部的设施。 (16) 使用适当的电话礼仪。在三声铃响内带着微笑接听电话。必要时说：“请稍等一下好吗？”不甄别电话。尽可能不要转接电话。 (17) 制服应整洁无瑕，穿适宜的、安全的鞋子（干净、擦过油）。佩戴好你的正确的姓名牌。维护你的个人形象（遵循所有的礼仪标准）。 (18) 确保所有员工在紧急情况下清楚自己的作用，了解防火和人身安全规程。

续前表

（19）当有危险、伤害或需要设备或协助时，立即通知你的上级。注意节约能源，对酒店财产和设备进行适当的保养和维修。
（20）保护丽思卡尔顿酒店的财产是每位员工的责任。

表 11—2　　员工承诺

（1）在丽思卡尔顿，员工是我们向客人提供服务的最重要资源。
（2）我们以信任、诚实、尊重、正直和献身精神为准则，培养并最大限度地发挥员工的才能，从而实现每位员工和公司的共赢。
（3）丽思卡尔顿致力于打造一个重视多元化、能够提高生活品质、实现个人抱负、稳固酒店成功法宝的工作环境。

表 11—3　　服务信念

我为成为丽思卡尔顿的一员而感到自豪
（1）建立良好的人际关系并为丽思卡尔顿创造终身顾客。
（2）敏锐察觉客人明示和内心的愿望及需要并迅速做出反应。
（3）能够为客人创造独特难忘的体验。
（4）了解在获得成功关键因素和创造丽思卡尔顿法宝的过程中自己所起的作用。
（5）不断寻求机会创新并改进丽思卡尔顿的服务。
（6）勇于面对并快速解决客人的问题。
（7）创造团队合作和互相支持的工作环境以满足客人及同事的需求。
（8）有机会不断学习和成长。
（9）专心制定与自身相关的工作计划。
（10）对自己仪表、语言和举止感到自豪。
（11）保护客人、同事的隐私和安全，并保护公司的机密信息和资产。
（12）负责使清洁程度保持最高标准，创造安全无忧的环境。

2. 人力资源与质量改进

丽思卡尔顿的高层主管会亲自参与每个新酒店的服务计划工作。当新酒店开发开始时，有经验的主管便会转移到新酒店所在地，以科学地挑选一个能够分享公司价值观的专门工作小组。这一选拔过程应用一个经验方法来筛选合适的管理人员和员工。这种筛选是通过将候选人的个性特质（亦即自发的行为）与丽思卡尔顿的绩效卓越者相比较来进行的。

酒店业的质量改进有两种不同的做法。第一种做法把重点放在发展积极的员工与客人间的关系方面。这种方式要求首先选拔在建立积极的人际关系方面具有突出才能的员工，然后通过关系管理方面的培训来进一步培养这种能力。这种做法称为“由里及表的改进策略”，如表 11—4 所示。

表 11—4　　由里及表的改进策略

由里及表	目的
选拔具有目标“个性特质”的员工	选择与组织价值观相符的新员工
个人的成长教育	重塑员工队伍的个体行为和人际关系
指导、认可和奖励	对行为的积极强化或矫正

这种策略在开设新酒店时表现得尤为突出。新酒店开张前的头 7 天里（称为七天倒计时），高层管理者扮演着非常积极的角色。在第一个小时中，由最高层向所有的新员工灌输和示范“黄金标准”。新员工接下来将接受 2 天的培训师课堂培训。通过课堂培训，新员工会对“黄金标准”有更好的理解。事实上丽思卡尔顿公司的每一位新员工都必须掌握员工—顾客界面过程（如图 11—1 所示）。这一过程要求并允许员工中的每一个人都：（1）在顾客不满或提出非常规要求时，可脱离常规岗位；（2）提供即刻的积极行动；（3）记录下

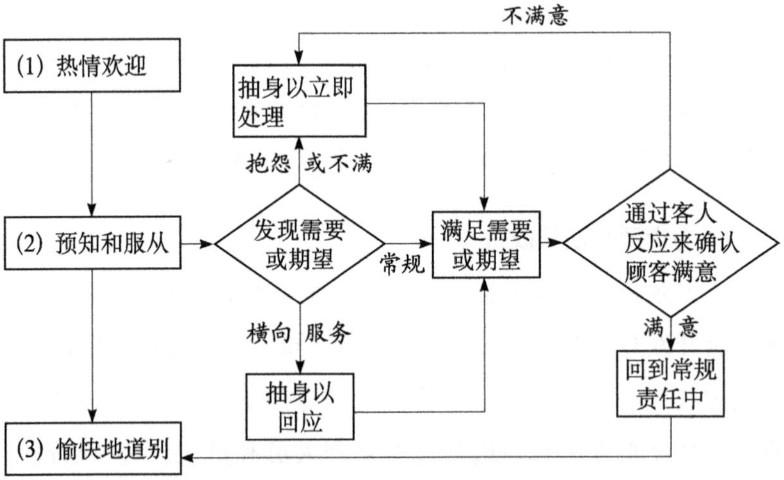

图 11—1　员工—顾客界面过程

该事件以备以后分析；（4）迅速返回常规岗位。（组织的任何层次的）新员工在开始职能性培训或任何顾客接触之前，上述关系管理过程培训是一个受到高度重视的要求。

第二种做法是重新设计服务提供过程来强化对顾客的关注。这种做法要取得成功，就必须有团队合作并且员工要参与到计划和实施活动当中。这类做法可以增强员工的自豪感和专注度，提高管理效率以及顾客的忠诚度，被称为“由表及里”（即着重于提高过程的能力）策略。

密歇根州迪尔本的丽思卡尔顿酒店通过开展改进活动来减少客房的缺陷，提高员工清洁房间和补充补给的效率。一个跨职能的团队在顾问的指导下重新设计了整理房间的过程，过程再造是基于以下的数据：（1）清洁及补给的缺陷；（2）运转周期；（3）员工的走动时间。新的过程中的改进如表 11—5 所示。

表 11—5　客房整理过程的改进

过程特征	以前的做法	现在的做法	得到的益处
为客户提供干净的卧具	干净的用品从洗衣房被“推”到客房区储物点	干净的用品根据预测被从洗衣房“拉”出	• 较少的库存需求 • 没有备品不足 • 更少的耽搁
客房清理和补给的次序	员工随意	基于客人要求的总清洁计划表	• 前台耽搁的减少 • 更少的房间分配缺陷
	房间清理与迷你吧台的补给是分割开的	迷你吧台补给与房间清理结合起来	• 降低劳动力成本 • 减少对客人的打扰
	一名服务员逐项完成各工作	并行团队的做法	• 职位丰富化 • 更少的疏忽差错
质量的控制	100％的检验	自我检验和随机审核	提高了员工的注意力和责任感
质量的改进	非正式的	员工参与的正式过程	• 缺陷减少 50％ • 员工走动时间减少 10％ • 生产率提高 25 个百分点 • 员工满意度从 75％提高到 91％

弗吉尼亚泰森斯角的丽思卡尔顿酒店在两年内把所有工作领域从传统的等级制转化成了自我导向的工作团队。为了避免团队过度强调自己在组织中的作用，酒店把各个自我导向的团队联结成为5个无缝隙的过程团队。这些过程团队是依据顾客与酒店的不同联系方式构建的：（1）抵达前团队；（2）入住、停留和启程团队；（3）饮食服务团队；（4）宴会服务团队；（5）工程和保安团队。通过这些努力，酒店在质量、生产率和利润方面取得了显著的改进。

2000年，丽思卡尔顿创建了“领导力培训中心”。除了满足内部培训的需求之外，该培训中心迄今已接待了数以千计的各行各业的高级管理人员、职业经理人和生产一线人员。中心呈现出一派蓬勃发展之势。该中心已发展成为一个资源中心，为众多的一流企业开展业务提供培训服务。

12

造成偏差的原因是什么？

——根原因分析

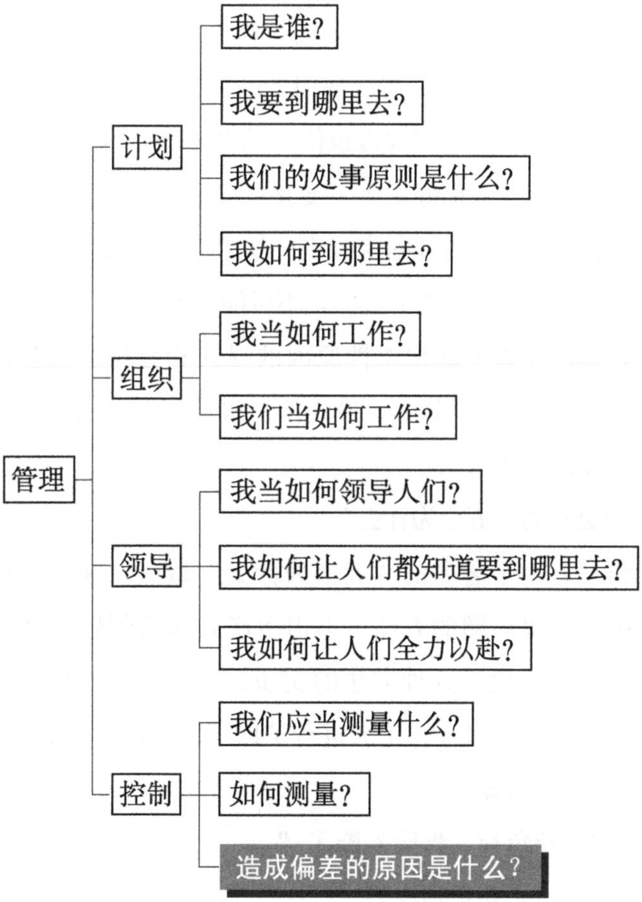

解决问题首先需要找出产生偏差的原因，然后采取措施纠正偏差。偏差可能是由复杂的原因引起的，必须花大力气找出造成偏差的真正原因，而不能仅仅是头痛医头，脚痛医脚。

一、寻找“根原因”

如果发现偏差之后仅仅是简单、片面地一味追求消除偏差，很有可能只是暂时解决了表面上的问题，而根本性的问题仍然存在，偏差还会再度发生甚至激化。

例如，销售收入的明显下降，无论是用同期比较的方法，还是用年度计划目标来衡量都很容易发现问题，但引起销售收入下降的原因却不那么容易一下子就找准：到底是销售部门营销工作中的问题；是对销售部门授权不够；是制造部门产品质量下降和不能按期交货；是技术部门新产品开发进度太慢致使产品老化，竞争力下降；还是宏观经济调整或者消费者偏好发生了变化；等等。每一种可能的原因与假设都不可能通过简单的判断来确定。如果对造成偏差的原因判断得不准确，纠正措施就会是无的放矢，不可能奏效。

因此，对产生偏差的根本性原因的寻找和分析，需要我们采用“剥洋葱”的方式，层层分解，最终把“根原因”剥出来，透过现象找到本质，才能有的放矢。

1. 丰田公司的“五个为什么”

丰田公司有一个著名的“五个为什么”做法，这是一种从根本来查找原因、解决问题的方法。丰田生产方式的创始人大野耐一举过的一个例子很能说明这种方法的实质。生产线上的某台机器总是出故障，于是，大野耐一与工人进行了以下的对话：

问：“为什么机器停了？”

答：“因为超负荷，保险丝断了。”

问：“为什么会超负荷呢？”

答："因为轴承的润滑效果不好。"

问："为什么轴承的润滑效果不好？"

答："因为润滑泵吸不上油来。"

问："为什么吸不上油来？"

答："因为油泵轴磨损、松动了。"

问："为什么磨损了呢？"

答："因为没有安装过滤器，混进了铁屑等杂质。"

最后不难看出，解决上述问题的正确措施应该是在油泵轴上安装过滤器。如果没有这种追根究底的精神来挖掘问题，很可能只是换根保险丝草草了事，真正的问题并没有解决，同样的故障还会再现。只有彻底地追问并不带任何成见地到问题现场实地观察，对每件事、每个问题重复问五个"为什么"，才能查明事情的因果关系及找到隐藏在问题背后的"根本原因"，才能对问题从根本上加以纠正。

2. 因果图

在分析偏差原因时，因果图（cause and effect diagram）是一种非常有用的工具。因果图又叫特性要因图、树枝图、鱼刺图，因为是日本质量管理专家石川馨提出的，所以又叫石川图。运用因果图有利于对问题的成因进行综合的考察和分析，并把它们理出头绪，分出因果层次，从最明显的原因出发，层层深入，力争找到最深层次的并能采取改进手段的原因，然后对症下药，从根本上解决问题。典型的因果图如图12—1所示。

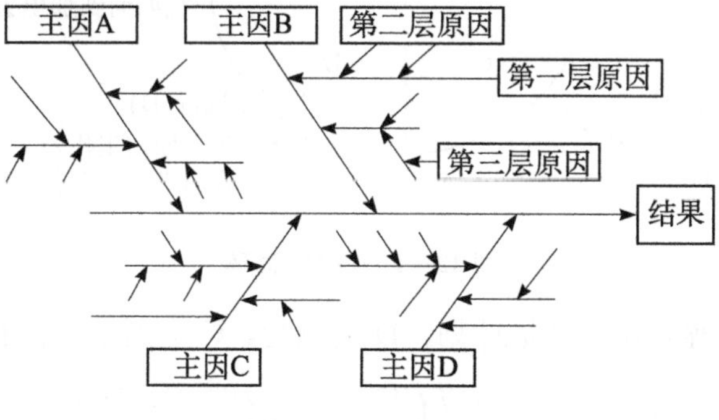

图12—1　因果图

在应用因果图时，应注意集思广益，广泛收集资料数据。该图只能用于单一目的的研究分析，不能多个问题共用一图。最末一层的原因应寻求至可以直接采取措施为止。

对偏差原因进行了彻底的分析之后，管理者就需要确定应当采取什么样的纠正措施和行动。具体措施可以分为两类：一类是立即执行的临时性应急措施，另一类是永久性的根治措施。前者是为了解决“急性问题”，后者则是为了解决“慢性问题”，从而达到控制的目的。

二、PDCA 循环——管理的经典模型

管理的知识宝库犹如一头大象。在本书中，我们采用了一种解剖的方式，把管理这头大象解剖成了计划、组织、领导、控制四大职能以与之及相对应的 12 个基本问题。但是，管理是一个整体，不应被视为互不相干的孤立部分。我们将借助一个非常经典的管理模型，即 PDCA 循环（如图 12—2 所示），把管理的四大职能和 12 个基本问题最终再装配成一个有机的整体。

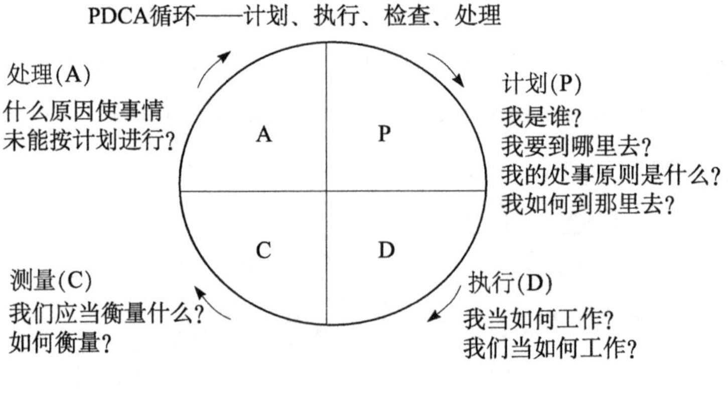

图 12—2　PDCA 循环

在这个循环中，P 是计划，D 是执行，C 是测量、检查，A 是处理。我们大致可以认为 P 对应着管理的计划职能，D 对应着组织职能，

而C和A加起来相当于控制职能。所以，上述循环是一个计划、组织、控制的循环。看上去似乎有些缺憾，领导职能呢？

这个模型中当然也包括了领导职能。换一个角度来看，PDCA循环实际上是一个不断上升的螺旋。旧的目标实现了，再提出新的更高的目标，一环高过一环螺旋上升。但这个螺旋不是处在真空中，而是置身于一个场。这个场便是由管理的领导职能所构造的。由此，计划、组织、领导、控制四大职能全部体现在了PDCA循环这一经典模型中（如图12—3所示）。我们在四大职能中重点讨论的12个问题也相应地标注在了这一模型上。掌握了这个模型，就掌握了有关管理的一套最基本的方法论。

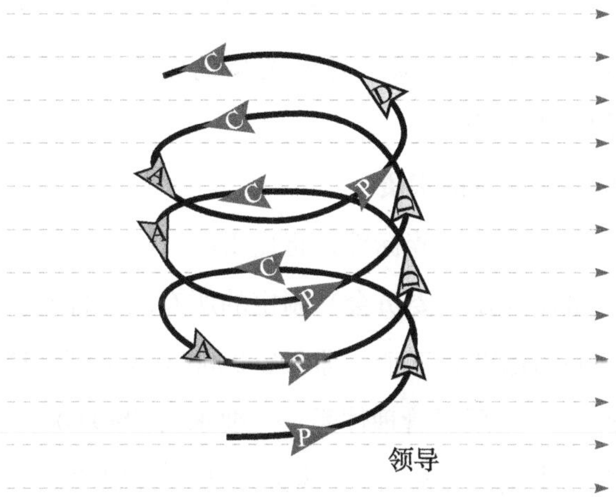

图12—3 PDCA循环与领导职能的融合

从PDCA循环这一模型中，我们还可以进一步欣赏管理知识体系的构造之美。回忆一下我们在物理学中学过的一个小知识。一个线圈在一个磁场里高速旋转，通过切割磁力线，就发出了电流，这便是发电机的原理。类似地，对于一个组织而言，管理就相当于一台发电机。通过管理者驱动这个PDCA循环，便产生出了源源不断的强大能量！

管理，就是这样一个PDCA循环的过程！

下面，我们再简单介绍几种常用的系统性的改进方法论，包括 ISO 9000 质量管理体系、六西格玛管理、标杆分析和精益管理。

三、ISO 9000 质量管理体系

1987 年 ISO 9000 族标准的问世是近 30 多年来对于全球的企业界影响最为深远的事件之一。全球的大多数国家和地区都等同采用了这套标准。这套标准发布之后产生了巨大的影响，连国际标准化组织自身都称其是“一个意想不到的成功”。现行的标准为 2008 年发布的第四个版本。我国将其等同采用为国家标准，即 GB/T 19 000族标准。目前，我国有 30 多万家机构通过了 ISO 9001 质量管理体系认证，这些机构中除了各种类型的企业外，还有许多学校、医院以及其他类型的组织。

1. ISO 9000 族标准的实质

确切地说，ISO 9000 族标准是指由 ISO/TC176（国际标准化组织质量管理和质量保证技术委员会）制定的所有国际标准。ISO 9000 族标准中，最核心的标准有三个，即 ISO 9000《质量管理体系——基础和术语》、ISO 9001《质量管理体系——要求》、ISO 9004《质量管理体系——业绩改进指南》。ISO 9000 表述了质量管理体系的基础知识并规定了质量管理体系的术语。ISO 9001 是关于质量管理体系的要求，通常人们所说的质量管理体系认证依据的便是这一标准。ISO 9004 则是关于绩效改进的指南，主要用于组织内部管理。

ISO 9000 标准开宗明义地阐述：“为了成功地领导和运作一个组织，必须采用一种系统和透明的方式进行管理。”促进组织管理的系统性和透明性是这套标准的最基本的功能。系统性可以理解为帮助组织建立一个滴水不漏的“木桶”，透明性则是要将自己内部管理中的最基本部分以明确无误的方式展示出来，以便让人们相信自己具有持续地提供满足要求的产品或服务的能力。

该标准确认了“八项质量管理原则”，以帮助组织利用这些原则进行改进。这八项原则为：以顾客为关注焦点、领导作用、全员参与、过程方法、系统方法、持续改进、基于事实的决策、互利的供方关系。

2. ISO 9000 族与持续改进

ISO 9001 质量管理体系的过程模式如图 12—4 所示。从图中可以看出，位于模型中心的产品实现过程将顾客的要求转换成了顾客的满意；为使这一过程顺利实现，必要的资源的保证是不可缺少的；同时，必须对产品实现过程不断进行测量、分析和改进，以确保顾客满意的实现。但归根结底，产品实现、资源管理和过程改进的有效性和效率均取决于组织的管理层。因此，管理职责、资源管理、产品实现以及测量、分析和改进四个方面构成了质量管理体系的基本内容。

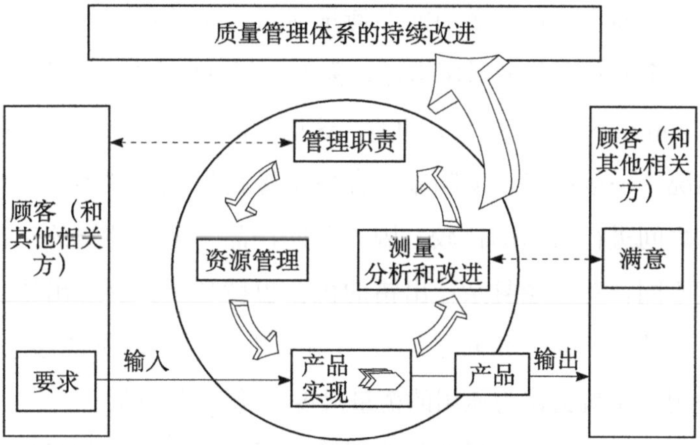

图 12—4 以过程为基础的质量管理体制模式

对质量管理体系进行的定期的内、外部审核，是控制和改进组织绩效的重要途径。

四、六西格玛管理

六西格玛管理是近年来得到广泛普及的一种质量改进活动，这种做法最早起源于美国摩托罗拉公司，近几年则普及到了众多的一般企业，成为继 ISO 9000 之后的又一管理热潮。六西格玛管理能够得到如此广泛的普及，与其形式上的标准化不无关联。

六西格玛管理的实质是对过程的持续改进，它是一种持续改进的方法论。六西格玛管理活动体现了“只有能够衡量，才可以实施改进”的思想。管理意味着通过有组织的努力去实现目标的活动或过程。没有测量就不能认识事物，就谈不上确立目标。正是基于这种认识，摩托罗拉公司在开发六西格玛管理方法论时，首先确定了用以衡量质量的一种通用的、可横向比较的测量尺度，在此基础上设定了企业质量改进的奋斗目标，进而又提出了实现质量目标的一套系统化的步骤或程序。

1. 质量的衡量与质量改进目标

要改进质量，首先必须能够衡量质量。摩托罗拉公司创造性地引入了一个衡量质量的通用指标，称为“百万机会缺陷数”（defects per million opportunity，DPMO）。这里的缺陷是指所有导致顾客不满的情况。一般而言，缺陷率、合格率等指标无法在不同产品、不同部门之间进行横向的比较，因为不同产品、不同种类的工作其复杂程度不同，对象越复杂，出错的机会也就越多，反之出错的机会就会少一些。但是，相对于同样的出错机会而言却是能够比较的，因而利用出错机会作为通用的衡量尺度是符合逻辑的。

依据这一尺度，摩托罗拉公司确立了其质量改进的目标，这就是要将百万机会缺陷数（DPMO）降至 3.4。这个数字的意义可以理解为，如果面临 100 万次出错的可能性，实际出错只允许有 3.4 次。

由于 DPMO 是一个比率，因此可以将之与正态曲线上的一定 σ（西格玛）范围内所包括的面积相对应，每一个 DPMO 的取值都可以用一个相应的西格玛值来表示，反之也一样。所以，可以用西格玛值来度量质量水平。4σ 的质量水平对应的 DPMO 为6 210，5σ 的质量水平对应的 DPMO 为 233，而 6σ 的质量水平便对应着 DPMO

为3.4这一目标。这便是“六西格玛管理”这一名称的由来。可以认为，六西格玛质量水平达到了一种近乎完美的境界。

2. 实现六西格玛目标的“六步法”

现代质量管理是通过对过程进行改进来实现高质量、低成本和高生产率的。实现六西格玛质量目标便是要对过程进行持续不断的改进。持续改进是通过六个步骤的循环来实现的。这六个步骤分别为：

(1) 明确你所提供的产品或服务是什么。这里的“你”代表组织的过程链条上的任意一个环节。可以是一个部门、一道工序或一个团队等。这里的“产品或服务”指的便是这一特定环节的输出。通过这个步骤的活动，要明确你所提供的产品和服务是什么，同时也要确定测量你的产品或服务的单位。

(2) 明确你的顾客是谁，他们的需要是什么。这里的顾客是指过程链上的“你”的下一个环节，你的产品或服务质量的优劣是由你的顾客来判定的。在这一步骤中，要明确你的顾客、明确顾客的关键需要，并要同顾客就这些关键需要达成共识。

(3) 明确为了向顾客提供使他们满意的产品和服务，你需要什么。这是要明确为了满足你的顾客的需要，你需要什么，谁来满足你的需要。从过程链的角度来看，这是要明确你的上一个环节，以及为了使你能够满足顾客的需要，他们应当为你提供什么条件。

(4) 明确你的过程。在这一步骤中，通常要借助流程图将过程的现状描绘出来。

(5) 纠正过程中的错误、杜绝无用功。在上一步充分认识过程的现状的基础上，分析过程中的错误和冗余，编制纠错后的理想流程图。

(6) 对过程进行测量、分析、改进和控制，确保改进的持续进行。计算过程的DPMO及相应的西格玛水平，制定并实施用新过程取代旧过程的改进计划，将取得的成果与他人分享。

通过周而复始地实施这六个步骤，企业就可以实现持续改进，逐步实现六西格玛质量水平。六西格玛管理的循环如图 12—5 所示，这一循环也称 MAIC 循环，MAIC 分别取自英语的 measure（测量）、analyse（分析）、control（控制）和 improve（改进）的首字母。

图 12—5　六西格玛管理的 MAIC 循环

在六西格玛管理方法论中，蕴含着丰富的思想内涵。以顾客为中心、有效的领导、全员参与、面向过程的管理、系统化的管理、持续改进、以事实为依据和互利互惠的组织间关系这八项现代质量管理的基本原则在六西格玛管理活动中得到了充分的体现。

五、标杆分析

1. 标杆分析的实质

标杆分析就是通过对比和分析先进组织的行事方式，对本组织的产品、服务、过程等关键的成功因素进行改进和变革，使之成为同业最佳的系统性过程。“标杆”（benchmark）一词的原意是测量学中的“水准基点”，在此引申为在某一方面的“最佳实践者”或“同业之最”，也就是所要学习和超越的榜样。

这种方法是美国施乐公司于 20 世纪 70 年代末首创的。当时，施乐在 IBM、柯达以及几家日本公司的强大竞争下，节节败退。为了摆脱危机，施乐开始实施广泛而全面的质量战略，同时也对公司文化进行了根本改革。标杆管理——寻找并学习那些做得最好的组织，并将这些组织的思想融入企业经营当中，成为施乐质量管理重要的组成部分。

施乐在标杆管理中，学习了200多家非竞争企业的过程管理。比如，施乐从康明斯发动机公司学习了改进生产进度计划的经验，从L. L. 比恩公司（L. L. Bean）学习了改进分销系统的经验，从美国联邦快递公司学习了改进订单管理过程的经验。通过全面、深入地开展质量领先活动，施乐公司的产品和系统部门于1989年荣获得了美国国家质量奖。质量领先活动使施乐公司认识到，顾客的满意加上员工的激励和满意，就会带来市场份额的上升及资产收益率的改善。公司总裁卡恩斯将质量看作“一场没有终点的竞赛”。正如该公司的座右铭所表述的那样，施乐“是一个致力于持续改进的公司”。

后来，这一方法逐渐为越来越多的企业及其他各种类型的组织所接受，成为一种获得普遍应用的威力强大的管理工具。

标杆分析的实质是对组织的变革，是对因循守旧、抱残守缺、按部就班、不思进取等陋习的围剿，它必然伴随着组织原有“秩序”的改变。要在组织中导入标杆分析活动，组织的高层管理者必须是勇于变革的人。标杆分析活动是持续改进的有力武器，应当成为组织的一项常规性的工作，而不应成为面临危机、走投无路时的“救命稻草”。标杆分析活动也完全不同于工业间谍，而是一种完全合法的、公开的、系统化的学习和赶超的艺术。

在开展标杆分析活动时，通常是采用小组或团队的方式来进行的。小组一般由3～6人组成，他们应当是最熟悉所要改进领域的人。小组成员应当具备相应领域的专业知识以及把握问题、分析问题的能力和技能，应当具备较强的合作精神。

2. 标杆分析的步骤

标杆分析活动一般由以下五个步骤构成：

第一步，确定实施标杆分析的领域或对象。

组织的资源和时间是有限的，因此开展标杆分析活动应当集中于那些对于改进组织的绩效和顾客的满意影响最大的因素，这些因素通常被称为关键成功因素。

选定了改进的领域或对象还必须对之加以量化。要明确使用何种指标来描述该对象，用何种测量方法来衡量对象的状态。不能量化的东西很难进行比较，也很难加以改进。

第二步，明确自身的现状。

标杆分析主要通过调查、观察和内部数据分析，真正了解自己的现状。在这一步骤中，小组必须用详细的流程图将本组织在该领域中的当前状况描绘出来。这项工作对于标杆分析活动的成功是至关重要的，一张详细的流程图有助于小组就当前过程的运行方式、所需的时间和成本、存在的缺点和失误等达成共识。这一步工作做不好，即使同所学标杆的先进过程进行比较，也难以揭示出自身过程中存在的不足。

第三步，确定谁是最佳实践者，也就是选择标杆分析的标杆。

要根据各方面的信息来源确定在所选领域中的标杆。通常可以有四种类型的标杆，即本组织内部的不同部门、直接的竞争对手、同行组织以及全球范围内的领先者。许多组织在刚开始推行标杆分析活动时，通常都是从内部的标杆开始的，这样有利于积累经验，锻炼队伍。面向全球领先者的标杆分析是开展这一活动的最高境界。

第四步，明确标杆是怎样做的。

通过收集和分析所选定的标杆的信息，形成准确反映其能力和长处的完整材料，找出其优于自己并成为行业之最的能力和特长之所在。信息的收集并不像人们通常所想象的那样困难，因为我们今天正处在一个信息时代。通过图书馆、互联网、行业协会、公共论坛、会议、讲座、贸易展示会等各种公开的渠道，我们可以获得所需要的几乎任何信息。必要时可以直接同所选定的标杆接触，也可以到对方所在地进行实地参观调研。

第五步，确定并实施改进方案。

在详细分析内、外部资料的基础上，由项目小组和有关人员提出并优选改进方案，在组织内部达成共识，推动方案的有效实施。

实施标杆分析活动的最直接的效果是可以给组织的产品、服务和过程带来大幅改善。此外，它的好处还包括：有利于帮助组织正确认识自身在市场中的真实地位，找出差距；学习并应用更好的方法来减少缺陷、提高质量和降低成本，从而更好地满足顾客的需要；利用外部信息建立有效的目标，从而使组织变得更有竞争力；激发组织中的个人、团体和整个组织的潜能；打破障碍，促进变革。

六、精益管理

精益管理是美国对日本的丰田生产系统的命名。丰田生产系统最著名的特征就是使用最少的资源以及消除各种形式的浪费。准时制（JIT）是丰田生产系统中最主要的组成部分。

精益管理的产生与日本的历史和文化密切相关。日本这个国家拥有的空间是如此的小，自然资源是如此的少，所以日本人总是细心地避免浪费资源，包括空间、时间和劳动。日本人努力从少量的可用资源中获得最大的收入或产出。正是为了在这样一个人口密集的空间中顺利、高效地生活和工作，精益管理诞生了。

精益管理的目标是利用更少的资源来完成更多的事情，包括更少的工人、库存、空间、设备、时间、废品等。换言之，精益管理是一种寻求消除所有类型的浪费的管理理念。

这里所说的浪费包括：过多的延误、过高水平的库存、过多的工人或零件的移动距离、过长的设备设置时间、不必要的空间、有缺陷产品的返工、空闲的设备、废品等。

实施精益管理有五个重要的原则，即从顾客的视角来明确价值；

识别价值流，这里的价值流是指为了创造顾客所重视的产品或服务所必需的一整套活动；通过消除非增值活动并优化剩下的增值活动的各个步骤，使价值流经价值流；让顾客拉动价值通过价值流；追求完美。

实施精益管理可以实现成本的节约。成本的节约来自许多途径：库存下降、废品减少、缺陷减少、来自顾客和设计两方面的变更减少、空间更小、工时更少、返工减少、管理费用降低，等等。

精益管理还可以带来收入的增加。收入增加主要是通过为顾客提供更好的服务和质量来实现的。缩短提前期和更快地响应顾客的需要，可以带来更多的利润和更高的销售额。此外，新产品和新服务的收入会增加更快。

精益管理能够节省投资。投资的节省来自三个方面。第一，同样的产能只需占用更少的空间（约 1/3）。第二，库存降低到了每年周转 50～100 次的程度（而过去为每年 3～4 次）。第三，在同样的设施上，工作的产出量显著增加，常常会增加 100％。

精益管理有助于员工队伍的提升。员工对于其工作会更加满意。他们喜欢精益方式所要求的团队合作，愿意看到问题越来越少。他们在精益管理所需的柔性和技能（如解决问题、维修等）方面得到了更好的训练，享受着在工作中获得的成长。所有这些都转化成了更具有生产性的工作。

精益管理有助于揭示问题。精益管理带来的另一个好处是使问题有更好的可见性，如果管理层愿意抓住这个机会来解决问题的话。开展精益活动时，所有类型的困难都会显现出来，其中大多是各种形式的浪费。

七、案例赏析：联想的精益六西格玛

如何在保证产品质量的同时提高效率、降低成本，是联想公司应对竞争的当务之急。为此，联想近年来开始推行精益生产、六西格玛管理等现代管理举措。

2006年初，联想从中国的四家台式机工厂选派了部分管理人员到日本丰田学习。之后，联想在这四家工厂组建了专门的团队，开始了符合精益思想的联想生产系统的建设。项目组设计出了推行精益活动的12个关键步骤（见图12—6），并在各工厂内按照计划开展了普及性的精益生产基础知识培训，以期尽快促进精益生产与公司原有系统的融合。

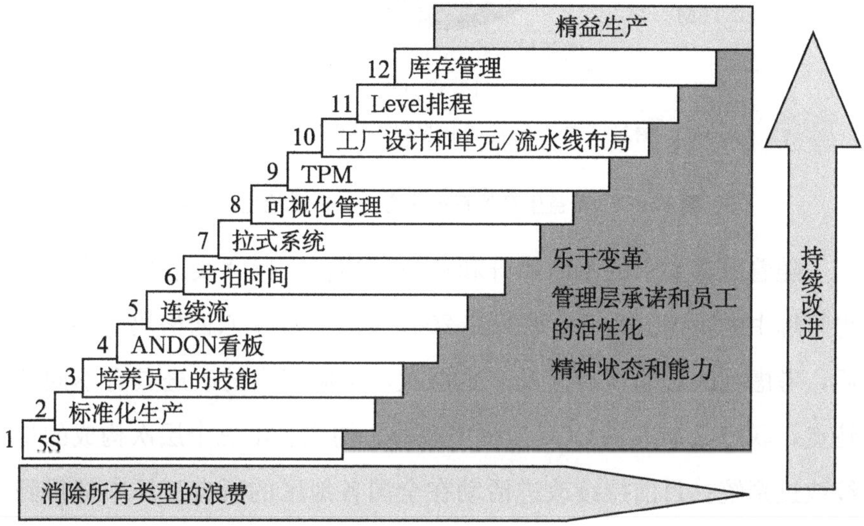

图12—6 联想推行精益生产的12个步骤

联想生产系统（见图12—7）并未全盘照搬丰田的精益生产系统。联想生产系统的屋顶是其追求的愿景，单工厂管理与多工厂管理（虚拟工厂）构成了该生产系统的两大支柱，KPI管理、项目管理、信息系统、文化及团队建设等基础管理构成生产系统的基础。联想工作的核心是标准化与持续改进（用太极图表示这两项核心工作相辅相成、紧密结合、相互促进）。丰田生产方式中的看板系统、TPM等工具被纳为单工厂管理方法的支柱，精益生产的消除七大浪费的核心理念也被作为持续改进工作的指导思想得以应用。

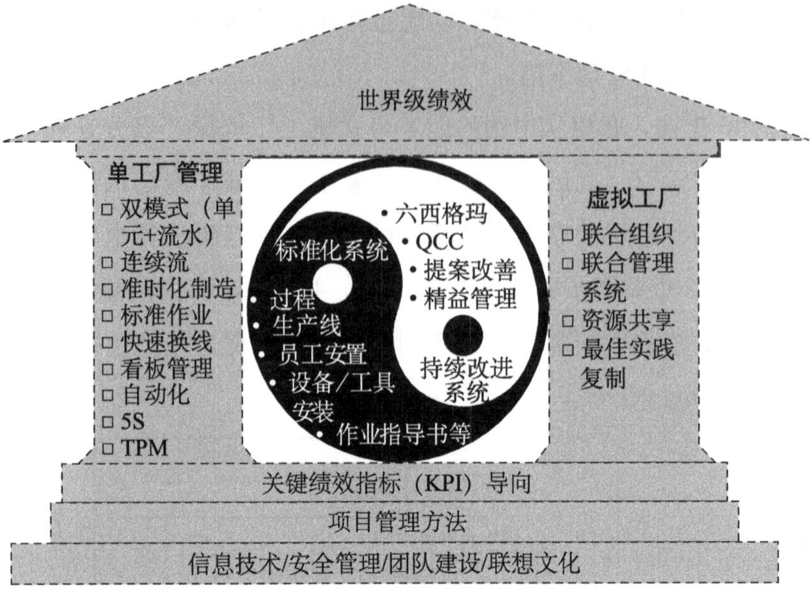

图12—7 精益生产的系统化方法——联想生产系统

随着顾客要求的不断攀升和竞争的加剧，持续改进日益成为联想管理中的重点。为此，联想在2001年就导入了六西格玛管理。随后，考虑到改进的项目涉及多个层次，不同层次的改进具有不同的特点，联想又加进了QCC及提案改善，构成了由三个层次构成的持续改进系统。目前持续改进活动在全国各地区的所有工厂中都得到了广泛的开展，每年在成本、质量、交期及员工士气等方面都取得了显著的改善。

为了更好地发挥持续改进的效果，2006年联想把精益管理也作为持续改进的核心工作之一，与原有的较成熟的六西格玛、QCC、提案改善三个模块并列为四大改善模块，同时也为精益管理的开展提供了组织及资源的保证。

由图12—7可见，联想生产系统中还有一大特色，即虚拟工厂。通过组织结构和管理系统的联合、资源共享以及最佳实践的复制，联想将分布在全国的四家工厂整合成为一个工厂。为了能够实现多工厂间的资源共享以及缩短精益思想引入的周期，精益管理团队在不同的单工厂进行不同精益生产工具应用试验，然后将成熟的精益生产工具复制到其他工厂，实现了在最少的资源投入下，极大地缩短精益生产工作全面展开所需时间的目标。

在这种多工厂最佳实践共享的工作模式下，2006 年，联想各地的工厂分别完成了 5S、标准作业、ANDON、可视化管理以及 TPM 等五种精益改善工具的学习与应用过程。精益生产系统在各工厂初见雏形，精益生产的理念渐入人心。

但是，最初的几年，六西格玛管理与精益在联想一直处于彼此孤立的状态。从理论上看，六西格玛旨在最大限度地消除变异，而精益方法则关注减少浪费和降低成本。六西格玛和精益方法在本质上都是旨在实现持续改进的管理模式，二者的融合将有助于通过低成本快速地向顾客提供完美的价值，保持顾客满意和忠诚，最终获得竞争对手难以模仿的竞争优势。

基于以上考虑，2007 年初，作为提升企业竞争优势的战略性举措，联想集团在全球范围内将原有的六西格玛持续改进系统升级为精益六西格玛系统（Lean Six Sigma（LSS）System），并确立了 LSS 的愿景，即“通过持续改进公司全方位的经营业绩（包括提高生产率、改进质量和降低成本）来实现为顾客提供不断增长的价值的目标”。

附．管理 100 年的启示

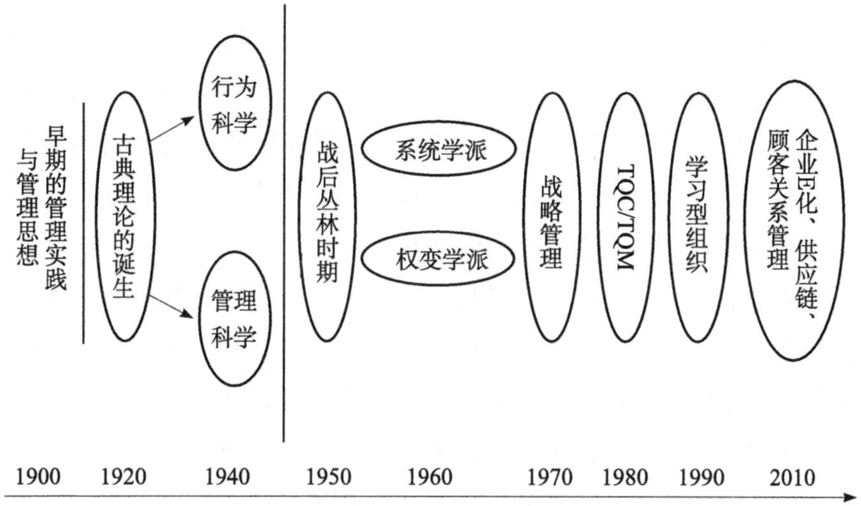

管理理论百年发展历程图

一、管理学的诞生

这里以“管理 100 年的启示”为题。也许有的读者会好奇，为什么只讨论 100 年，而不是 1 000 年、10 000 年呢？难道只是 100 多年前人类才有了管理吗？当然不是，应该说有了人类社会就有了管理。当人类开始通过集体的协作去实现某种目标时，管理便成为不可缺少的活动。这意味着，人类的管理活动或管理实践几乎和人类的历史一样久远。这里说的 100 年，主要是指管理成为一门能够指导人们实践的系统性学科之后的这段时间。作为一个学科而言，管理还很年轻，也只有这 100 多年的历史。

从史前到 100 多年前的漫长的过程中，当然不乏各种各样杰出的管理实践，也有着无数令人赞叹的管理智慧。素以世界奇迹著称的埃及金字塔、巴比伦古城和我国的万里长城，其宏伟的建筑规模不仅体现了当时人类的工程和技术水平，也足以反映出人类的管理能力所达到的高度。我国的万里长城始建于公元前 200 多年，全长 6 700千米，蜿蜒于崇山峻岭和戈壁滩上，总共动用了 40 多万名工人。在当时的条件下完成如此浩大的工程，不愧为人类最伟大的管理实践之一。

我们对从史前到 19 世纪末这一漫长的时期简化处理，称之为管理发展的“混沌”时期。在浩瀚的历史长河中，关于管理活动的思想火花可以说是不胜枚举。但囿于生产力发展水平的限制，这些管理思想还没有形成一个完整的系统，主要表现为一些零散的、个人性质的经验、诀窍等，能够重复利用、指导人们行动的并不是很多。按照个人的经验、习惯来做事情，成为这一时期的管理的特征。

到了 19 世纪末 20 世纪初，也就是 100 多年前，由于人类社会生产力的巨大发展和科学技术的飞速进步，企业以及其他各种机构规模越来越大，人类活动日益复杂，从而对管理提出了越来越高的要求。过去那种跟着感觉走的方式越来越行不通了。所以，就有大量的仁人志士投身到了对于管理活动的观察、思考、总结和提炼中，希望能够用系统化的方法、理论来指导实践，让人们少犯错误，使管理的发展能够跟上生产力的发展。正是在这种背景下，逐渐形成了比较系统化的管理理论，促成了管理这门学科的诞生。

从 19 世纪末到 20 世纪 20 年代，形成了管理的古典理论。泰罗的科学管理理论、法约尔的管理过程理论和韦伯的组织理论构成了古典管理理论的最主要的内容。在此，我们重点讨论泰罗及其科学管理。

二、泰罗与科学管理

1911 年，美国工程师弗雷德里克·温斯洛·泰罗出版了著名的《科学管理原理》一书，这在很大程度上标志着管理作为一门学科登上了历史舞台。

1. 泰罗其人

泰罗这个名字是与“管理”这两个字联系在一起的，学习管理不能不提泰罗。泰罗出生于美国费城一个富有的律师家庭，自幼爱动脑筋，喜欢琢磨，对任何事情都想找出一种“最好的方法”。中学毕业后被哈佛大学录取，但因患眼疾而未能进入大学深造。眼疾有所好转之后，他没有继续去上大学，而是进了工厂，从徒工开始做起，然后是正式技工、工长、工程师。在工作期间，他通过自修取得了机械工程的学位。

弗雷德里克·温斯洛·泰罗（Frederick Winslow Taylor，1856—1915），科学管理之父

从个性来讲，泰罗是一个完美主义者，

凡事喜欢追求尽善尽美，憎恶浪费、散漫、漫不经心，做任何事情都不愿稀里糊涂地对付过去，就连跑步，他也要琢磨出一种最不疲劳的跑法。他后来在管理学上的建树也许同他的这种个人品性是分不开的。在工作中，他所目睹的管理和工作的现状与他的个性格格不入。他看到资本家和管理层凭着感觉和习惯管理而造成生产率低下，看到由于工人缺乏训练，没有正确的操作方法和适用的工具而大大影响了劳动生产率。更令他感到问题严重的是，劳资双方都认为他们之间的关系是一种不可妥协的对立关系，从而总是选择对抗而不是合作。从 1880 年开始，泰罗和他的追随者们怀着极大的热情，经过长达 20 年的系统研究，逐步形成了一套系统化的管理理论，这便是众所周知的“科学管理”。

由于丰厚的专利收入和积蓄，泰罗在 45 岁时决定不再为衣食奔忙，开始了退休生活。但他退而不休，从 45 岁到 59 岁去世，泰罗在 15 年间成了一个义务的“传道者”，传他的“科学管理教”，而且分文不取。泰罗死后，后人称他为“科学管理之父”，并将之铭刻在他的墓碑上。

2. 科学管理的四条基本原则

科学管理主要关注提高劳动生产率的问题。泰罗认为，提高劳动生产率的潜力是巨大的，但前提是首先必须通过一场精神革命来实现雇主、管理层和工人的合作。他们在科学实验的基础上，制定出标准的操作方法。用这种标准的操作方法来训练工人，并把工人使用的工具、材料、机械及作业环境加以标准化，同时实行一种有差别的、刺激性的计件工资制度来激励工人。

泰罗提出了科学管理的四条基本原则：

（1）确立每项工作的科学的工作方法；

（2）合理地选择工人，做到人适其事；

（3）教育、培训、强化工人，以使他们按照科学方法来工作；

（4）管理层与工人精诚合作，共同承担工作和责任。

搬运生铁实验

泰罗等人当时在伯利恒钢铁公司做的一个搬运生铁的实验最能体现科学管理的这些原则。当时，伯利恒有一个75人的生铁搬运小组，每人每天装货约12.5吨，工人的工资是每人每天1.15美元。实验首先是对搬运生铁的具体过程进行观察和记录。在准确测时的基础上，把工作分解成小的基本动作，研究这些动作的最合理、最省力的具体做法，再把各个基本动作所耗费的时间联系起来，求出正常工作的速率，进而计算出标准定额。另外，还要估算出一天中的休息时间以及必要的迟延、停顿时间。在此基础上，对工人的操作动作进行设计，最终设计出最合理的标准工作程序。

为了推行这种标准工作程序，还得找一些适当的工人。例如，泰罗等人最初找来了一个名叫斯密特的工人。这个人干活很卖力，脑子不是很机灵，但据说爱钱如命，“把一个铜板看得比车轮还大”。他们要求斯密特严格按照指示来工作，由一名拿着秒表的管理者掌握斯密特工作中的动作、程序和间隔休息时间。这样，在不增加疲劳强度的情况下，斯密特一天内完成了47.5吨生铁的搬运工作，其工资也由过去的1.15美元增加到了1.85美元。可见泰罗的这套思路是能够解决问题的。

3. 科学管理的两大特征

科学管理的主张并非一开始就被人们接受，甚至受到了种种非议，比如，工人的工资提高了61%，工作量却增加了362%！工会团体将之视为对工人利益的威胁。其实在我国，泰罗在相当长时间也被视为反面人物。提到他的时候，总是与“血汗工资制”、“残酷的剥削制度”之类的描述相联系。

美国国会于1912年举行了对泰罗制的听证会，泰罗在这次听证会上作了精彩的证词，向公众阐释了科学管理的理念和主张，引起了极大的反响。

泰罗在证词中强调，科学管理并不等同于通常人们所认为的动作与时间研究、计件工资制、职能工长制以及其他提高效率的手段，一般人提到科学管理时想到的就是这些东西。科学管理最重要、最本质的特征有以下两个方面：

(1) 劳资双方的精神革命。提高劳动生产率的潜力是巨大的，但前提是首先必须通过一场精神革命来实现雇主、管理层和工人的合作。没有双方的这种精神革命，科学管理就不能存在。要使雇主和工人两方面都认识到，当他们双方不再相互敌视，而是肩并肩地朝同一方向迈进时，通过他们的共同努力所创造的剩余将会多得令人目瞪口呆。蛋糕做大以后，双方都可以达到自己的目的。

(2) 用严密的科学调查和知识代替旧的依据经验、习惯和个人判断去处理各项工作的做法。泰罗主张，在劳资双方的心理态度都发生这样的变化之前，也就是说，在双方都尽他们的责任合作以产生尽可能多的剩余之前，在用严密的科学知识代替一般意见或旧的单凭经验或个人知识办事之前，在任何企业中都不能说有了科学管理。

以上两个方面是科学管理的两个必不可少的要素。

列宁对于泰罗制有着深刻的认识："资本主义在这方面的最新成就泰罗制，同资本主义其他一切进步的东西一样，既是资产阶级剥削的最巧妙的残酷手段，又包含一系列的最丰富的科学成就。"① 列宁还断言，没有泰罗制，是建不成共产主义的。所以苏维埃政权在早期也推行了泰罗制，为当时的苏联经济建设发挥了作用。

---

① 《列宁全集》，中文2版，第34卷，170页，北京，人民出版社，1985。

吉尔布雷斯夫妇

科学管理并不是泰罗一人的独角戏，有众多的追随者和合作者。在这场运动中，吉尔布雷斯夫妇也是名声显赫。丈夫弗兰克·吉尔布雷斯是一个建筑承包商，妻子莉莲·吉尔布雷斯是一个工业心理学家，研究管理中人的问题。这对夫妇把科学管理的这套东西移植到了建筑领域。他们把工人砌砖的动作记录下来，分析哪些动作是多余的，哪些动作不合理，哪些动作可以合并。经过潜心分析之后，把当时砌砖的动作从 18 个减少到了 5 个，大大提高了工效。

莉莲·吉尔布雷斯（Lillian Moller Gilbreth，1878—1972），美国第一个获得心理学博士的女性，“管理学的第一夫人”

美国有一部老电影《论打更便宜》，说的就是这对夫妇的事情。他们当时对效率的追求达到了如痴如醉的地步。据说他们甚至连穿衣服也要掐着表测量，琢磨怎样的穿衣方式最省时间。比如，经过测量他们发现，穿衬衣扣扣子时，从下往上扣要比从上往下扣快 0.3 秒。原因在于，从下往上比从上往下省掉了一个抬手的动作！

弗兰克·吉尔布雷斯（Frank Bunker Gilbreth，1868—1924），动作研究之父

吉尔布雷斯设计了一套称为“therbligs”（吉尔布雷斯英文名字的倒写）的动作分类体系，将工人的操作动作分解为 17 种基本动作，从而能够更加精确地分析工人的手的动作。他们用拍影片的方法来记录和分析工人的操作动作，剔除浪费和多余的动作，寻找合理的最佳动作，制定了快速准确的工作方法。这些方法的实施大大提高了建筑施工的效率。

4. 科学管理的启示——标准化是企业管理的基础

按照泰罗的说法，科学管理最重要的特征之一就是，用观察和思考来代替随心所欲和习惯。也就是说，我们的管理要建立在观察和思考的基础之上。从一定意义上说，“观察和思考”就是对科学管理中“科学”这两个字的诠释。

进一步分析，做事情时要立足于观察和思考，而观察和思考的结果最终表现为做事情的方法、程序、规范等。可以认为，标准化、制度化、规范化构成了科学管理的最基本的内容。这体现了企业管理中的一个基本认识，即“标准化是企业管理的基础”。

标准化就是把重复性的事物统一起来。通过标准化，有助于建立秩序、提高效率、促进沟通，有利于防止和减少错误，有利于将个人的经验和诀窍转化为组织的智慧，有助于为改进奠定基础，也使管理的复制变得更容易。

标准化一方面提高了效率，另一方面也为组织储存了智慧。打比方来说，同一项工作，张三做，李四也做。张三比李四聪明，效率就要高一些，活就会干得好一些。如果没有标准化，就意味着张三的聪明是属于张三个人的。张三离开了，这些聪明的做法也就随之而离开了。通过标准化，我们可以把聪明人的做法变成标准的做法，同一件事情按照同样的方式来做，于是，个人的聪明变成了大家的聪明，个人的智慧成为了组织的智慧。

标准化的威力处处都可以观察到。例如，麦当劳、肯德基这样的企业人们都很熟悉。说起麦当劳、肯德基的食品时，很多人会觉得不屑一顾，汉堡、土豆条、炸鸡块等在我国博大精深的饮食文化面前实在不值一提。值得反思的是，我们的餐馆界真正有影响的大企业几乎没有，麦当劳、肯德基等却都是世界级的企业。很容易理解，标准化是麦当劳、肯德基这些企业成功的秘诀。在这些企业里，原材料、制作方法、店面装修、工作程序等都被彻底地标准化。正是在这种高度标准化的基础之上，它们才能够实现快速的扩张和复制。

与美、日、欧等西方发达国家和地区相比，我国的企业以及其他各种类型的机构的标准化意识比较薄弱。我们总是在用不同的方式解决同样的问题，总是在分析个案，所以大多数情况下我们都是在小打小闹，小本经营。但是，不应忘记的是，我们的老祖宗曾经是标准化的鼻祖，秦始皇的车同轨、书同文、统一的度量衡等奠定了中华民族统一的基础。

最后，我们再次重温科学管理对于管理实践的这一最重要的启示："标准化是企业管理的基础!"什么是标准化呢？把重复性的事物统一起来!

三、霍桑实验与人际关系学说

20 世纪 20 年代以后，科学管理得到了广泛的普及和应用，对提升社会生产的效率起到了巨大的推动作用。这一时期在管理方面出现了众多的新问题，比如，劳资矛盾日益尖锐，工人消极怠工、罢工等现象越来越严重。科学管理在解决与"人"相关的问题上表现得越来越力不从心。

在泰罗的时代，人们对人的认识是很简单的，把人看做一种经济的动物，认为人们工作的目的只是对于物质利益的追求。这便是"经济人"的认识。在"经济人"这种认识的基础上产生的管理方式是"胡萝卜加大棒"的方式。你来我这儿工作不就是为了挣点钱吗？你干得好，我多给钱；干不好，大棒伺候。但是，随着社会的发展，人们发现"胡萝卜"和"大棒"的效力变得越来越弱。

这里的"大棒"是指那些惩罚、威吓性的管理方式和管理手段。随着工人阶级力量的增强、工会运动的发展、法制的完善、人权意识的提升、社会整体的进步，员工的利益越来越受到保障，企业很难再随随便便地开除、惩罚和威吓员工。“大棒”曾经有过的作用正在日益丧失。这个趋势是显而易见的，世界各国都一样。我国现在面对的不也是这种局面吗?

“胡萝卜”当然指的就是物质刺激、奖金之类的东西。胡萝卜怎么会没用呢? 许多管理者就信奉“胡萝卜”。当然“胡萝卜”不是说绝对没用，但是其作用有限。你给一根胡萝卜，人们的积极性会有所提高。但是，再给一根胡萝卜，积极性不会等比例地提高，提高的幅度会打折扣。再接着给下去，效果会更小，最后也许就微乎其微了。这便是“边际效用递减规律”。所以，仅仅依靠物质刺激，其作用也越来越有限了。

简而言之，到了 20 世纪 20 年代前后，“胡萝卜加大棒”的力量逐渐式微。越来越多的人开始思考：还有什么办法能够让人们更努力，生产率到底取决于哪些因素。这个时期最值得我们关注的，便是 1924—1932 年在美国西方电器公司的霍桑工厂所进行的一系列研究。这一长达 8 年的研究就是大名鼎鼎的霍桑实验。

霍桑实验是为了测定各因素对生产效率的影响而进行的一系列实验。比如，照明的改善是否会提高劳动生产率? 实验发现，随着照明度的提高，车间的效率是在提高。但不可思议的是，当照明度开始降低后，效率还在上升。那么，效率的提高到底是因为什么? 到了 1927 年，哈佛大学的学者乔治·埃尔顿·梅奥也加入了这项研究。他们继续进行了大量的实验，如改变工作日和工作周的长度、引入工间休息、实施新的工资计划等。

乔治·埃尔顿·梅奥（George Elton Mayo，1880—1949），美国管理学家，原籍澳大利亚，行为科学的奠基人之一

霍桑实验

霍桑实验是一项以科学管理的逻辑为基础的实验，从 1924 年开始到 1932 年结束。在近 8 年的时间里，前后共进行过两个回合的实验：第一个回合是 1924 年 11 月—1927 年 5 月，在美国国家科学委员会赞助下进行；第二个回合是 1927—1932 年，由梅奥主持进行。整个实验先后经过了四个阶段。

阶段一：车间照明实验——“照明实验”

照明实验的目的是弄清楚照明的强度对生产效率所产生的影响。这项实验共进行了两年半的时间。然而，照明实验并不成功，其结果令人迷惑不解，因此许多人退出了实验。

阶段二：继电器装配实验——“福利实验”

1927 年梅奥接受邀请，组织一批哈佛大学的教授成立了一个新的研究小组，开始了第二阶段的福利实验。

福利实验的目的是找到能更有效地影响员工积极性的因素。梅奥等人对实验结果进行归纳，排除了四种假设：(1) 在实验中改进物质条件和工作方法，可导致产量增加；(2) 安排工间休息和缩短工作日，可以消除或减轻疲劳；(3) 工间休息可减少工作的单调性；(4) 个人计件工资能促进产量的增加。最后得出“改变监督与控制的方法能改善人际关系，能改进工人的工作态度，促进产量的提高”的结论。

阶段三：大规模的访谈计划——“访谈实验”

既然实验表明管理方式与员工的士气和劳动生产率有密切的关系，就应该了解员工对现有的管理方式有什么意见，为改进管理方式提供依据。于是，梅奥等人制定了一个征询员工意见的访谈计划。在 1928 年 9 月到 1930 年 5 月不到两年的时间里，研究人员对工厂中的约 2 万名员工进行了访谈。

阶段四：继电器绕线组的工作室实验——“群体实验”

这是一项关于工人群体的实验，其目的是证实在工人当中存在一种非正式组织，而且这种非正式组织对工人的态度有着极其重要的影响。

实验者为了系统地观察在实验群体中工人之间的相互影响，在车间中挑选了 14 名男员工，其中有 9 名是绕线工，3 名是焊接工，2 名是检验工，让他们在一个单独的房间里工作。

实验开始时，研究人员向工人说明，他们可以尽力地工作，因为在这里实行的是计件工资制。研究人员原以为实行了这套办法会使员工更加努力地工作，然而结果却出乎意料。工人实际完成的产量只是保持在中等水平，而且每个工人的日产量都差不多。根据动作和时间分析，每个工人应该完成的标准定额为 7 312个焊接点，但是工人每天只完成了 6 000～6 600 个焊接点就不干了，即使离下班还有较多的时间，他们也会自行停工。这是为什么呢？研究者通过观察了解到，工人们自动限制产量的理由是：如果他们过分努力地工作，就可能造成其他同伴的失业，或者公司会制定更高的生产定额。

研究者为了了解他们之间能力的差别，还对实验组的每个人进行了灵敏度和智力测验，发现 3 名生产最慢的绕线工在灵敏度的测验中得分是最高的。其中最慢的工人在智力测验中排名第一，灵敏度测验中排名第三。测验的结果和实际产量之间的这种关系使研究者联想到群体对这些工人的重要性。一名工人可以因为提高其产量而得到小组工资总额中较大的份额，而且减少失业的可能性，然而这些物质上的报酬却会带来群体非难的惩罚，因此每天只要完成群体认可的工作量就可以相安无事了。即使在一些小事上，也能发现工人之间有着不同的派别。绕线工就一扇窗户的开关问题常常发生争执，久而久之，就可以看出他们之间不同的派别了。

通过近 8 年的实验，人们认识到，生产效率不仅受到生理、物理方面因素的影响，而且受到社会环境、社会心理方面因素的影响。在霍桑实验的基础上，梅奥于 1933 年出版了《工业文明中人的问题》一书，标志着人际关系学说的诞生。人际关系学说的进一步发展便是我们所熟知的行为科学。行为科学方法在很大程度上塑造了我们今天的组织，影响着激励方式、沟通、决策、结构设计、控制方式等方方面面。管理专业有一门重要的课程“组织行为学”，就是关于行为科学在管理领域中的重要应用的。

人际关系学说的主要观点或启示包括：（1）员工是“社会人”，而不是单纯追求收入的“经济人”。金钱并非刺激积极性的唯一动力，人们还有社会、心理方面的需要。提高人们在社会、心理方面的需要的满足度，有助于激发士气，提高效率。（2）组织中存在非正式组织。非正式组织是员工在共同工作过程中由于共同的社会情感而形成的非正式团体，它有特殊的情感和规范，左右着其成员的行为。（3）新型的领导要通过提高员工满足度来提高员工的士气，从而达到提高效率的目的。士气的高低取决于员工在社会因素方面特别是人际关系方面的满足程度。所以，领导者要善于倾听下属的意见，善于与下属沟通，使正式组织的经济需求和工人非正式组织的社会需求之间保持平衡。

对于广大实践者而言，最值得强调的一点在于，“管理者要‘知’人、‘懂’人，管理者的人际技能在很大程度上决定了管理工作的成效”。马斯洛在《马斯洛论管理》中提到：“企业家永远需要的是采取不同的方式管理不同的人。”

四、定量方法与管理科学

20 世纪 40 年代前后，也就是第二次世界大战期间，运用数学和统计的方法来解决军事方面的问题这一领域得到了迅速的发展。当时有大量的知识分子投笔从戎，其中包括许多统计学家、数学家、定量分析人士等。他们中的许多人到了军队后没有去拿枪打仗，而是运用他们的统计才能、数学才能为本国赢得战争付出了独特的努力。

比如，大战初期，英国与德国相比，实力处于劣势，德国的飞机从早到晚在英国人头上轰炸。当时就有一帮数学家在研究，我这点有限的炮火如何配置才能最大限度地覆盖英国的天空；我们的空军怎样调配才能在与强大的德国空军的对抗中取得最佳的效果。解决这样的问题靠什么？主要靠的是构建模型、收集数据、进行计算。类似地，美国的反潜部队应用运筹学技术来研究如何提高穿越北大西洋的盟军船队的生存概率，以及如何确定飞机和水面舰艇袭击德国潜艇的最佳投弹深度等问题，获得了满意的效果。这些定量方法在战争中得到了广泛的应用，逐渐形成了一个相对独立的领域。

战后，人们认识到这套定量的方法不仅仅对战争有用，事实上在民用领域一样具有巨大的威力。无论是战争还是战后的经济活动，都要用最小的投入得到最大的产出。所以这套方法在战后继续发扬光大，但是运用的阵地逐步转向了工商领域。

从事这一研究领域的人自称为“管理科学家”，他们所从事的事业也获得了“管理科学”的称谓。这些方法包括统计学的应用、最优化模型、计算机模拟等。例如，线性规划方法可以使管理者改进资源分配的方案；关键路线分析可以使工作进度计划更有效；经济订货批量模型可以帮助企业决定应维持的最佳库存水平。管理科学的方法较多地应用在计划与控制领域中的管理决策方面。

管理科学学派

埃尔伍德·斯潘塞·伯法（Elwood Spencer Buffa，1923—2005），管理科学学派的代表人物之一

管理学中形成的管理科学学派，又称管理中的数量学派，也称运筹学派。该学派认为，解决复杂系统的管理决策问题，可以用电子计算机作为工具，寻求最佳计划方案，以达到企业的目标。管理科学其实就是管理中的一种数量分析方法，主要用来解决能以数量表现的管理问题，其作用在于通过管理科学的方法，减少决策中的风险，提高决策的质量，保证投入的资源发挥最大的经济效益。其代表人物是埃尔伍德·斯潘塞·伯法。

就管理科学的实质而言，它是泰罗的科学管理的继续与发展，因为它们都力图抛弃凭经验和主观判断进行管理的做法，而提倡采用科学的方法，探求最有效的工作方法或最优方案，以达到最高的工作效率，以最短的时间、最小的支出得到最大的效果。不同的是，管理科学的研究突破了操作方法、作业研究的范围，转而向整个组织的所有活动方面扩展，要求进行整体性的管理。随着现代科学技术的发展，一系列的科学理论和方法被引入管理领域。因此，管理科学可以说是现代的科学管理。其基本特征是，以系统的观点，运用数学、统计学的方法和电子计算机技术，为现代管理决策提供科学的依据，解决各种生产、经营问题。

定量的方法论为我们提供了一套强大的分析手段，但在早期，这套东西很容易给人一种高深莫测的感觉，令人望而却步，毕竟，数学、统计、模型等不是一般人能够亲近的。近年来，这些貌似高深的方法慢慢走下了“神坛”，计算机和信息技术的快速发展为管理科学方法的普遍应用创造了更好的条件。

管理科学这一领域的发展为管理决策提供了坚实的方法论的支

持，使得我们的计划和决策能够更加客观、准确、高效和可靠。在管理决策中，经验和感觉往往是靠不住的。“管理要用数据来说话”，这是管理科学方法论给予我们的最大教诲。

五、系统观点与权变观点

哈罗德·孔茨（Harold Koontz，1908 —1984），美国管理学家，管理过程学派的主要代表人物之一

第二次世界大战之后，生产力的发展和科学技术的进步、组织规模的急剧扩大、生产社会化程度的日益提高，引起了人们对管理理论的普遍重视。来自各种不同背景的人从不同的角度、用不同的方法对管理问题进行研究，带来了管理理论的空前繁荣，形成了许多新的管理理论和学说，形成了一种学派林立的现象。美国著名的管理学家哈罗德·孔茨把这一现象形象地描述为管理理论的“丛林”。

20 世纪六七十年代，在管理理论这一丛林中出现的两大分支值得我们关注，这便是管理的系统学派和权变学派。

1. 管理的系统观点

主张系统观点的学者将组织看做由相互依赖的多种要素（包括个人、群体、态度、动机、正式结构、相互作用、目标、职权、资源等）组成的有机的整体。他们认为，管理者的任务是协调组织的各个部分以实现组织的目标，组织要适应环境的要求，部分要适应整体的要求，要素与要素之间要相互协调，通过满足这些要求来实现系统的综合效应。

用系统的观点来看企业管理，意味着人们对管理的认识又上了一个大台阶。此前的时代，人们看管理问题相对来讲是比较孤立、简单化的。比如，人们会想当然地认为，一个工厂由三个车间构成，三个车间效率都提高的话，工厂效率也就提高了。但事实上，企业中各部分的交互作用是很复杂的。很多情况下，某个局部的增加有可能带来另一个部分的损失。

> 某航空公司由于航空燃油涨价等因素的影响，出现了亏损，希望通过狠抓管理来实现扭亏为盈。这家公司采取的具体做法称为全员成本管理。简单来说，就是制定总公司的成本目标，然后层层分解，让各部门、各岗位都分担指标。大家立下了“军令状”，到期完不成要承担责任。听上去很好理解，各部门、各个局部成本都下降，公司不就盈利了吗？但在实施过程中发生的一个小插曲颇令人深思。
>
> 这家公司的总部在北京。某天下午4点，一个航班飞抵温州后出了机械故障，但在温州机场，该公司没有驻站的维修人员。于是机组迅速联系总部派人维修，维修人员应该还能赶上该公司7点飞抵温州的航班。实际上维修人员第二天才到，出故障的飞机在温州机场趴了一个晚上。
>
> 维修人员当天为何没赶过去呢？据说他们本来是准备乘当天7点抵达的航班过去的。临出发前，维修部门的负责人改了主意。他认为，第二天上午再派人过去还来得及当天返回，可以省掉维修人员住酒店的费用。由于维修部门的这位领导“运筹帷幄”，他们成功地节省了3 000元的差旅费。但是，这架飞机在外“趴窝”一个晚上又损失了多少呢？

这个小故事告诉我们一个道理，一个公司、一个单位是一个系统，各个部分之间存在复杂的相互作用，如果仅仅从局部做文章，常常会适得其反，导致更差的结果，使整体受到很大的损失。所以我们强调，“局部的优化不等于整体的优化”。对于这种只有局部视野而没有系统思维的做法，有个很形象的比喻：“手术很成功，但病人没救活”。

2. 管理的权变观点

权变理论是20世纪60年代末70年代初在经验主义学派基础上

进一步发展起来的管理理论，是西方组织管理学中以具体情况及具体对策的应变思想为基础而形成的一种管理理论。进入 70 年代，权变理论在美国兴起，受到广泛的重视。

许多情况下人们想当然地认为，昨天的成功可以复制到今天，昨天的经验可以为今天所用，A 公司成功的做法可以照搬到 B 公司。权变的观点则认为，不存在放之四海而皆准的普遍适用的管理原则。“橘生淮南则为橘，橘生淮北而为枳”，某种管理举措有效与否，很多情况下取决于当时、当地所面对的具体的情境、情形。权变理论主张，通过辨识某一具体情景下的权变因素，具体问题具体分析，用对症下药的方式来解决特定的管理问题。

根据权变的观点，我们在进行管理时，必须“依势而行，随机制宜”。

六、对战略的重视

20 世纪 60 年代以后，战略观点进入了管理领域。此前大多数情况下，人们面对的管理问题相对简单、静态、孤立，人们只是在一个相对狭小的时空中思考问题。随着竞争的加剧，管理环境越来越复杂，有关战略管理的研究开始受到人们的关注。

艾尔弗雷德·D·钱德勒（Alfred D. Chandler, Jr., 1918—2007），企业史学家，战略管理的先驱者之一

艾尔弗雷德·D·钱德勒在 1962 年出版的《战略与结构》一书中对于战略概念的探讨是划时代的。他通过研究美国大型企业，深入阐述了环境、战略和结构之间的关系，提出企业要在对环境进行分析的基础上制定相应的战略，战略决定结构，结构必须适应战略并随战略的变化而变化。

1965 年，伊戈尔·安索夫在《公司战

略》一书中把战略限定在三个领域，即提供与企业的业务活动有关的广泛概念、为探索企业新的成长机会制定具体的方针，以及确定在优选市场机会时所遵循的决策原则。

70 年代以后，有关战略管理的研究进入了一个系统化的时期，人们力图从系统论的观点出发来进行战略规划，通过详尽的系统分析来提出系统化的解决方案。

80 年代，以波特的《竞争战略》和《竞争优势》两部著作为代表的竞争战略分析，成为战略分析的标准模型。人们在战略分析中，大量应用了经济学、社会学、政治学、数学等相关领域的理论、工具和知识。

伊戈尔·安索夫（H. Igor Ansoff，1918—2002），战略管理的先驱者之一

战略的观点告诉我们，在思考管理问题时，仅仅考虑眼前、仅仅考虑自己是远远不够的，应从更远、更广的思路来思考问题。例如，既要考虑到现在的竞争者，又要考虑到潜在的竞争者、替代品的生产者、上家的供应商、下家的顾客等。

70 年代前后，日本汽车打入美国市场的思路很令人深思。日本生产的汽车质量不错，还很省油，价格却很低。明明可以赚 20%的利润，但他们却只赚 10%。美国人多少抱着嘲笑的态度来看待日本人的做法，但几年之后美国人笑不出来了。为什么？日本人老谋深算，采取的是用低价换取市场份额的策略。一开始不追求高利润，而是努力扩大市场占有率，份额上去之后，由于规模经济效益，成本更低了，从而利润空间更大。日本人的汽车生意越做越好，美国汽车业的发展趋势却正好相反，竞争加剧导致市场份额下降，利润空间变小，很多企业开始陷入

迈克尔·波特（Michael Porter，1947—　），当代最有影响的战略学者之一

困境。日本人笑到了最后。

从战略的观点出发，我们在思考管理问题时，必须有一个“广阔”而“远大”的视野和思路，也就是说，要在空间上看得更“广”，时间上看得更“远”。

七、全面质量管理

20 世纪 80 年代前后，日本的经济和日本企业的竞争力达到了巅峰。伴随着日本的产品，全面质量管理的理念几乎传播到了世界上的每个地方。历史上，从没有哪一次管理热潮如全面质量管理一般，传播如此之广，影响如此之深。全面质量管理中的许多举措至今仍然是企业界最为流行、最受欢迎的管理秘方。

全面质量管理的源头可以追溯到 50 年代的美国，日本在战后迅速接受了这一理念并积极地付诸实践。日本企业是全面质量管理的最优秀的实践者，成功的质量管理使得日本产品在全球成了高质量的代名词，也为日本经济在战后的全面复兴起到了不可替代的作用。日本依靠这套思路，用了 20 年左右的时间，从战后的一片废墟一跃成为世界第二大经济强国。

全面质量管理是一种综合的、全面的经营管理方式和理念，其根本目的是通过顾客满意来实现组织的长期成功，增进组织全体成员及全社会的利益。全面质量管理的基本特征包括关注顾客、持续改进、一切用数据说话、向组织成员充分授权、广泛采用团队的形式来发现问题和解决问题、重视组织中的每个成员的主动性和创造性，重视与供应商和顾客的合作共赢等。全面质量管理方面的代表人物有爱德华·戴明、约瑟夫·朱兰等人。近年来企业界广泛推行卓越绩效模式、六西格玛管理，ISO9000 质量管理体系等，都是全面质量管理中的方法论。

1. 戴明的贡献

戴明是全面质量管理的总设计师。在攻读博士学位期间，曾利用

爱德华·戴明（W. Edwards Deming，1900—1993），全面质量管理的总设计师

暑假到美国西方电器公司的霍桑工厂做过研究。在那里，他受到了包括后来被称为“统计质量管理之父”的休哈特在内的许多科学家的影响。

20世纪30年代末，戴明担任美国人口普查局的首席学术和抽样顾问。这一阶段，他开始探索将统计质量控制方法应用于非制造领域。从1946年开始，他担任纽约大学管理学院教授达46年之久。

1950年，在日本科学技术联盟（JUSE）举办的讲习班上，戴明应邀向日本工商界人士讲授统计质量管理，对质量管理在日本的普及和深化发挥了巨大的作用。

1951年，日本科学技术联盟设立了以戴明的名字命名的著名奖项——戴明奖，用于表彰在质量管理方面成绩卓越的个人及企业。

1980年，为了促进美国人对质量的重视，美国广播公司推出了一个名为“日本人能够做到，为什么我们不行?”的专题节目。节目对于戴明在日本所发挥的传奇般的作用进行了披露。此后，戴明的理论在美国受到了广泛的关注和认可，他本人也被聘为多家大公司的顾问。戴明主张的是一种系统的观念。他主张采用科学方法来优化系统，从而实现质量的改进。他强调统计思考和统计方法的应用，认为管理者只有掌握一套基本的知识体系（如关于系统的理论、关于变异的理论等），才能采取正确的行动。

戴明亲自总结的“戴明14点”是其毕生管理智慧的浓缩，这14点既是一个简明的企业管理指南，也反映了近30年来世界上流行的各种全面质量管理举措背后的“道”。

“戴明14点”即戴明提出的为了向以顾客满意为宗旨的组织转变，组织的管理者必须关注的要点或必须承担的义务。接受这14点并采取具体的行动，是管理者对于组织的生存及投资者和成员的利益负责的标志。

其中的第 5 点体现了全面质量管理的精髓，即“通过持续不断地改进生产和服务系统来实现质量、生产率的改进和成本的降低”。换句话说，全面质量管理是一种“一石多鸟论”，“一石”便是对系统的持续改进，“多鸟”便是高质量、低成本、高生产率，也即“卓越绩效”。

戴明 14 点

(1) 树立改进产品和服务的长久使命，以使企业保持竞争力，确保企业的生存和发展并能够向人们提供工作机会。

(2) 接受新的理念。在一个新的经济时代，管理者必须意识到自己的责任，直面挑战，领导变革。

(3) 不要让质量依赖于检验。要从一开始就将质量渗透或融入产品之中，从而消除检验的必要。

(4) 不要只是根据价格来做生意，要着眼于总成本最低。要立足于长期的忠诚和信任，最终做到一种物品只同一个供应商打交道。

(5) 通过持续不断地改进生产和服务系统来实现质量、生产率的改进和成本的降低。

(6) 做好培训。由于缺乏充分的培训，人们常常因不懂得如何工作而不能把工作做好。

(7) 进行领导。领导意味着帮助人们把工作做好，而非指手画脚或惩罚威吓。

(8) 消除恐惧以使每个人都能为组织有效地工作。许多成员害怕提问或拿主意，即使在他们不清楚自己的职责或不明白对错时。由于恐惧而导致的经济损失是惊人的。

(9) 拆除部门间的壁垒。不同部门的成员应当以一种团队的方式工作，以发现和解决产品和服务在生产和使用中可能遇到的问题。

(10) 取消面向一般员工的口号、标语和数字目标。质量和生产率低下的大部分原因在于系统，一般员工不可能解决所有的问题。

(11) 取消定额或指标。定额关心的只是数量而非质量。人们为了追求定额或目标，可能会不惜一切代价，甚至牺牲组织的利益。

(12) 消除影响工作完美的障碍。人们渴望把工作做好，但不得法的管理者、不适当的设备、有缺陷的材料等会对人们造成阻碍。这些因素必须消除。

(13) 开展强有力的教育和自我提高活动。组织的每个成员都应不断发展自己，以使自己能够适应未来的要求。

(14) 使组织中的每个人都行动起来去实现转变。

2. 朱兰的贡献

约瑟·M·朱兰（Joseph M. Juran）博士是举世公认的现代质量管理的领军人物。他出生于罗马尼亚，1912 年随家庭移民美国，1917 年加入美国国籍，曾获工程和法学学位。在其职业生涯中，他做过工程师、企业主管、政府官员、大学教授、劳工调解人、公司董事、管理顾问等。

约瑟夫·M·朱兰（Joseph M. Juran，1904—2008），现代质量管理的领军人物

朱兰提出了质量即“适用性”的概念，强调了顾客导向的重要性。朱兰理论体系中的主要概念还包括质量螺旋、质量管理三部曲、关键的少数原理等。如同质量管理领域中的另一位大师戴明博士一样，朱兰在日本经济复兴和质量革命中的作用也受到了高度的评价。他协助创建了美国马尔科姆·鲍德里奇国家质量奖，是该奖项监督委员会的成员。他还获得了来自 14 个国家的 50 多种嘉奖和奖章，其中包括日本天皇为表彰他“……对于日本质量管理的发展以及促进日美友谊所做的贡献”而授予的“勋二等瑞宝章”勋章，以及美国总统为表彰他在“为企业提供管理产品和过程质量的基本原理和方法从而提升其在全球市场上的竞争力”方面所做的努力而颁发的国家技术勋章。1979年，朱兰创办了朱兰学院，主要从事质量管理的培训、咨询和出版活动。20世纪90年代后，朱兰仍然担任学院的名誉主席和董事会成员，继续从事讲演和咨询活动。

从1945年朱兰博士开始编纂《质量控制手册》，到2010年朱兰参与修订的第6版出版，这部跨越两个世纪的“手册”堪称质量管理领域中研究和实践的集大成之作。从第5版开始更名为《朱兰质量手册》，新的名称标志着本手册的重点由质量控制向质量管理的转变，前者通常是生产现场的人们所关心的质量，而后者则是组织中的各类管理者所共同关注的质量。这一转变也正体现了朱兰博士提出的“大质量观”。

自第1版出版以来，本手册已经被译成许多国家的文字，其中第4至第6版都被译成中文简体字版出版发行。由于这本手册所具有的全面性、实用性和权威性，再加上朱兰本人在质量管理领域中的大师级地位，在长达半个多世纪的时间里，这本手册一直是质量管理领域中最具有影响的出版物之一，是一个全球范围内的参考标准，被人们称誉为“质量管理领域中的圣经”。

八、变革与学习型组织

在过去的十多年中，伴随着全球经营环境剧烈而深刻的变化，变革成了全球管理领域的主旋律。技术进步，尤其是以信息技术为代表的技术进步，正在从根本上改变着人类的生产和生活方式。信息和计算机技术方面的不断创新、市场的日益全球化等因素交织在一起，正在创造出一个更加混乱的世界。

这种环境对于组织的速度、灵活性和创新提出了更高的要求。在这个新的世界中，比竞争对手学习更快、变化更快，或许是唯一有效的竞争优势。因此，培育组织的学习能力成为管理层最重要的任务之一。越来越多的机构都加入了力争成为学习型组织的行列。学习型组织就是能够迅速地获取、传播并在整个组织中分享信息，从而不断改进自身以适应环境的组织。

学习型组织用一种新的思维方式来思考。在学习型组织中，每个人都要参与识别和解决问题。要识别问题就必须理解顾客的需要，要解决问题就意味着用一种独特的方式将一切综合起来考虑以满足顾客的需要。组织依靠确定新的需要并满足这些新需要来提高其价值，这往往是通过新的观念和信息而不是物质产品来实现的。组织学习的能力越强，其适应环境的能力就越强，成功的可能性也就越大。

学习型组织通常具有如下特征：

(1) 学习是日常工作的常规组成部分；

(2) 学习在个人、部门及整个组织的诸层次上实施；

(3) 学习促成了在源头（“根本原因”）解决问题；

(4) 学习着重于在整个组织中构筑和分享知识；

(5) 学习为引起重大而有意义的变化的机会所驱动。

实现学习的源泉包括：员工的创意、研究与开发、顾客的意见、最佳实践的分享和标杆管理等。

这个阶段有一个重要的启示，即“没有不变的成功方程式，最适者才能生存”。

九、组织的 E 化、顾客关系管理与供应链管理

进入 21 世纪以来，信息技术、互联网的发展对组织以及组织的管理产生了深远的影响，同时，管理的重点也从组织的内部延伸和

扩展到了整个供应链上。

1. 组织的E化

进入21世纪以来，对于企业和组织的管理影响最大的因素之一便是互联网、移动互联网的发展。根据中国互联网络信息中心（CNNIC）的报告，截至2013年6月底，中国网民规模达到了5.91亿，而新增网民中使用手机上网的比例高达70.0%，说明手机对互联网普及的促进作用重大，是目前互联网增长的主要来源。

网络在改变人们的生活方式的同时，也在改变组织存在和发展的方式。2012年11月11日这一天，天猫和淘宝交易创下了191亿元的销售额，超过了中国最大百货商场三年的交易额。而号称中国第一百货的王府井集团全年所有店铺的销售总和也不过150亿元。

除了企业之外，包括政府、学校、医院等在内，各行各业的组织都呈现出不同程度的E化的态势。企业通过网络来挖掘顾客的需要，借助依托网络的虚拟团队开发产品，通过互联网来招聘人才，通过微信、微博等社交媒体进行实时的沟通，基于网络技术实施培训、教育，实体产品的采购、生产和分销也要依托基于互联网的供应链管理来实现。

不仅是互联网企业，传统产业的企业也正在变得越来越E化。例如，2003年2月底，著名的家电零售企业苏宁正式变更企业名称，将“苏宁电器股份有限公司”更名为“苏宁云商集团股份有限公司”。苏宁董事长张近东对“云商”进行了一番解读，即“店商＋电商＋零售服务商”，其核心是以云技术为基础，整合前台后台，融合线上线下，服务全产业，服务全客群。苏宁的变化颇具象征意义。

2. 顾客关系管理

顾客关系管理（CRM），也称客户关系管理，是企业为了获得顾客满意、留住顾客、挖掘潜在顾客、实现顾客忠诚并最终获得顾客长期价值而致力于与顾客建立长期良好关系的活动和管理举措。顾客关系管理通常以计算机、数据库技术为基础，致力于获得并管理顾客知识，改善和管理顾客沟通，优化营销过程，方便顾客服务和产品技术支持，实现顾客长期价值的最大化和增强竞争优势。CRM 系统软件是顾客关系管理最佳实践的具体化。顾客关系管理的目标在于通过富有意义的交流沟通，理解并影响顾客行为，通过提供快速、周到、优质的服务来吸引和保持更多的顾客，通过优化面对顾客的工作流程以减少获取顾客和留住顾客的成本，创造更高的价值，最终实现赢得顾客、留住顾客和顾客忠诚的目的。

3. 供应链管理

供应链通常指在为最终用户提供产品或服务的过程中所涉及的所有活动。其中涉及的每一个组织，包括原材料加工商、运输商、元器件生产商、制造商、批发商、零售商以及客户，都是整个过程中的一个环节，从而使得整个过程就恰似一个链条。供应链管理（SCM）即对于这整个链条的管理，这个链条从最初接收到消费者的订单开始，一直回溯到上游的原材料供应商，最后到将商品提供给消费者为止。供应链管理力图将供应链上的所有活动协调整合成一个无缝的过程，并将链上的所有合作者连接起来，目标在于适宜地将适当的产品在适当的时间送抵适当的场所，并产出最大限度的利润。

在这个新的时代，组织为了生存和发展，就必须改变游戏规则，确立新的时空观。

十、管理有规律，管理无定式

从本附录开头给出的管理理论百年发展历程图上，我们大致可以看出人类对于管理的认识是如何一步一步由低到高不断发展的。

相对而言，早期的认识比较静止、机械、孤立、局部，越到后来，就越具有动态、联系、有机、全面这样的特征。

在这百年发展历程中，对应着每一个标志性的阶段，我们获得了一些具有实践性的启迪，如表1所示。

表1　　发展阶段及启迪

发展阶段	启迪
科学管理	标准化是企业管理的基础
人际关系学说	管理者要“知”人、“懂”人
管理科学	管理要用数据来说话
系统观点	局部的优化不等于整体的优化
权变观点	管理要依势而行，随机制宜
战略管理	管理要有更“广阔”、“远大”的视野和思路
全面质量管理	管理要立足于通过持续改进系统来实现卓越绩效
变革与学习型组织	没有不变的成功方程式，最适者才能生存
企业E化，供应链管理与顾客关系管理	改变游戏规则，确立新的时空观

从总体上对这100年的发展历程做一个总结，便是“管理有规律，管理无定式”。因为管理活动有其规律性，所以我们才能够分析、总结、归纳、提炼、借鉴、学习、共享。但是，管理又没有一定的定式可循，所以我们要权变，要最大限度地活学活用，发挥人的主观能动性。管理有规律反映了其科学性的一面，管理无定式则反映了其艺术性的一面。也正是从这个意义上讲，管理既是一门科学，又是一门艺术。

在管理理论百年发展历程图中，有一点值得我们思考。这张图的出发点是从混沌开始的，而发展了100多年之后，似乎又回到了混沌。这个现象如何理解？

其实，这前后两种混沌只是形式上的相似，本质上却完全不同。如果用人的年龄来比喻的话，开端的混沌，就像一个2岁的孩子，真正的不谙世事，混沌未开。而后端的混沌，我们可以用先哲孔子的话来理解。《论语》中关于年龄的那几句话很有意思：“吾十五而有志于学，三十而立，四十不惑，五十知天命，六十耳顺，七十从心所欲而不逾矩。”70 岁，意味着从必然王国进入了自由王国。

做管理工作也是这样。开始时，人们常常拘泥于一些条条框框，跟着比划。真正把握了规律之后，便进入了一种“从心所欲而不逾矩”的境界。20 世纪 80 年代初，我国经济界的老前辈袁宝华曾针对我国的企业管理提出了 16 个字：“以我为主，博采众长，融合提炼，自成一家。”这 16 个字与孔子的“从心所欲而不逾矩”颇有相通之处。

总之，经过了 100 多年的发展，人类建立起了一个庞大的分析和解决管理问题的方法论宝库。如果将这个宝库比作一个风光瑰丽的大花园，我们的讨论只是推开了这个大花园的一扇窗，让读者一瞥其一角风光而已。要真正领略管理大花园的万千美景，就要深入其腹地，去探索，去钻研，去实践。可以确信的是，只有站在前人的肩膀上，我们才能够看得更广、更深、更远。

参考文献

1. 孙耀君．西方管理思想史．太原：山西经济出版社，1987.

2. 焦叔斌、杨文士．管理学（第 4 版）．北京：中国人民大学出版社，2014.

3. 焦叔斌．企业组织变革管理．北京：中国人民大学出版社，2003.

4. ［美］彼得·德鲁克．管理——任务、责任、实践．北京：中国社会科学出版社，1987.

5. ［日］石川馨．日本的品质管理．东京：日本科学技术联盟出版社，1981.

6. ［美］弗雷德里克·泰勒．科学管理原理．北京：机械工业出版社，2007.

7. ［美］威廉·拉扎克，大卫·桑德斯．戴明管理 4 日谈．北京：中国商业出版社，2003.

8. ［美］理查德·埃尔斯沃思．公司为谁而生存．北京：中国发展出版社，2005.

9. ［美］吉姆·柯林斯．从优秀到卓越．北京：中信出版社，20029. ［美］诺斯科特·帕金森．帕金森法则．北京：中国人民大学出版社，2007.

10. ［美］杰克·R·梅雷迪斯，斯科特·M·谢弗．MBA 运营管理（第 3 版)．北京：中国人民大学出版社，2007.

11. ［美］J. M. 朱兰．朱兰质量手册（第 6 版）．北京：中国人民大学出版社，2013.

12. ［日］大野耐一．丰田生产方式．北京：中国铁道出版社，2006.

13. ［美］亨利·福特．亨利·福特自传．长春：吉林出版集团有限责任公司，2012.

14. ［德］马克斯·韦伯．新教伦理与资本主义精神．北京：三联书店，1987.

15. ［美］詹姆斯·埃文斯，威廉·林赛．质量管理与质量控制．北京：中国人民大学出版社，2010.

16. ［美］伊恩·帕尔默等．组织变革管理．北京：中国人民大学出版社，2009.

17. 冯仑．理想丰满．北京：文化艺术出版社，2012.

18. 蓝狮子．鹰的重生：TCL 追梦三十年 1981－2011. 北京：中信出版社，2012.

19. 冯邦彦．百年利丰（第 2 版）．北京：中国人民大学出版社，2011.

20. 詹姆斯·F·派克．做正确的事．北京：中国人民大学出版社，2009.

图书在版编目（CIP）数据

管理的 12 个问题/焦叔斌著．—2 版．—北京：中国人民大学出版社，2013.11
ISBN 978-7-300-18349-7

Ⅰ．①管… Ⅱ．①焦… Ⅲ．①管理学 Ⅳ．①C93

中国版本图书馆 CIP 数据核字（2013）第 263320 号

管理的 12 个问题（第 2 版）
焦叔斌　著
Guanli de 12 ge Wenti

出版发行	中国人民大学出版社		
社　　址	北京中关村大街 31 号	**邮政编码**	100080
电　　话	010－62511242（总编室）		010－62511770（质管部）
	010－82501766（邮购部）		010－62514148（门市部）
	010－62511173（发行公司）		010－62515275（盗版举报）
网　　址	http://www.crup.com.cn		
经　　销	新华书店		
印　　刷	北京捷迅佳彩印刷有限公司	**版　　次**	2009 年 1 月第 1 版
开　　本	720 mm×1000 mm　1/16		2013 年 12 月第 2 版
印　　张	15	**印　　次**	2025 年 10 月第 7 次印刷
字　　数	188 000	**定　　价**	45.00 元